# Demokratie erleben

## Wirtschafts- und Sozialkunde
## BFS I im Saarland

Altmeyer · Günther · Klein · Zimmermann



1. Auflage

VERLAG EUROPA-LEHRMITTEL
Nourney, Vollmer GmbH & Co. KG
Düsselberger Straße 23
42781 Haan-Gruiten

**Europa-Nr.: 60170**

EUROPA LEHRMITTEL

**Autoren:**
Michael Altmeyer, OStR, Dillingen
Julia Günther, StR'in, Völklingen
Wolfgang Klein, StD, Saarbrücken
Tim Zimmermann, OStR, St. Ingbert

**Arbeitskreisleitung:**
Wolfgang Klein, StD

**Projektleitung und Lektorat:**
Dr. Rainer Maurer

Der Abdruck der Landmarke „Saarpolygon" auf dem Coverfoto erfolgt mit
freundlicher Genehmigung des „BergbauErbeSaar e. V." (https://www.bergbauerbesaar.de).
Nähere Informationen erfährst Du unter dem QR-Code.
Dort kannst Du auch einen „virtuellen Rundflug" machen."

*https://www.bergbauerbesaar.de*

1. Auflage 2020

Druck 5 4 3, korrigierter Nachdruck 2021

Alle Drucke derselben Auflage sind parallel einsetzbar, da sie bis auf die Behebung von Druckfehlern identisch sind.

ISBN 978-3-7585-6017-0



Gestaltung, Umschlag und Satz: Punkt für Punkt GmbH · Mediendesign, 40549 Düsseldorf
Umschlagkonzept: tiff.any GmbH, 10999 Berlin
Druck: RCOM Print GmbH, 97222 Würzburg-Rimpar

Das **Lehr- und Arbeitsbuch „Demokratie erleben“** ist ein modernes, handlungs-und kompetenzförderndes Lehrwerk für das **Fach „Wirtschafts- und Sozialkunde“** an den **saarländischen Berufsfachschulen der Fachstufe I.**

Die neue Schulform der **zweijährigen Berufsfachschule** gliedert sich in die **Fachstufen I und II.** Nach jeder Fachstufe wird ein Schulabschluss erreicht. Aus diesem Grund stehen, gemäß den Inhalten des saarländischen Lehrplans für das Fach Wirtschafts- und Sozialkunde für die Berufsfachschule, **zwei Lehr- und Arbeitsbücher „Demokratie erleben“** zur Verfügung.

Für die **Fachstufe I (BFS I)** liegt der inhaltliche Schwerpunkt auf der Thematik **„Eigenverantwortung als junge/r Arbeitnehmer*in übernehmen“**. Hier steht die **Handlungs- und Kompetenzförderung** im Mittelpunkt. Ziele sind, Jugendliche auf die berufliche Zukunft vorzubereiten, Konflikte bewältigen zu können, verantwortungsvoll mit Geld umzugehen und als Verbraucher angemessen handeln zu können.

Das **didaktische Konzept der Handlungs- und Kompetenzorientierung** soll dem Unterricht zugrunde liegen.

Neben dem **grundlegenden Erwerb von Fachwissen** ist es wichtig, die gewonnenen Kenntnisse und **Fähigkeiten in Handeln umsetzen** zu können. Daher ist eine enge Verzahnung zur jeweiligen **Beruflichen Kompetenz** (Technik, Wirtschaft und Verwaltung bzw. Gesundheit und Soziales) herzustellen.

**„Demokratie erleben“** wurde nach dem **Lehrplan Wirtschafts- und Sozialkunde von 2020** verfasst und so gegliedert, dass die fünf Kompetenzbereiche für die Fachstufe I der BFS I abgebildet sind.

Damit ermöglicht das Buch eine problemorientierte Auseinandersetzung mit wirtschaftlichen und sozialen Themen, in Anlehnung an die jeweilige berufliche Kompetenz. **So entwickelt sich eine gesellschaftliche Handlungskompetenz**, die dazu beitragen soll, Demokratie zu erleben und aktiv mitzugestalten.

**Wirtschafts- und Sozialkunde** ist ein **Fach, das dem fortwährenden gesellschaftlichen Wandel unterliegt.**

Dem wurde in diesem Lehrbuch Rechnung getragen. Dort, wo Veränderungen schneller zu erwarten sind, werden **digitale Medien direkt integriert** oder es wird über Fragen dorthin geleitet. Dies geschieht zuweilen mit **Hilfe von QR-Codes**. So sieht **Crossmediales Lernen aus:** Das eine verwirklichen, ohne das andere zu vernachlässigen, um die **Vorteile beider Medien (print und digital) zu nutzen**.

**„Demokratie erleben“ will dazu befähigen**, die Komplexität des politischen, wirtschaftlichen und sozialen Umfeldes **bewusst zu erleben** und **Demokratie** nach und nach mit zu **gestalten**. Dazu zählen u. a.

die Mitgestaltung im späteren Arbeitsleben sowie die aktive Beteiligung in der Gesellschaft. Der Idee der **Förderung der ganzheitlichen beruflichen Kompetenz**, wie sie in dieser **neuen Schulform vorgesehen** ist, wird somit Rechnung getragen.

**Hinweise für die Arbeit mit diesem Buch**

Die **Fragestellungen sind nach Schwierigkeitsgrad differenziert.** Hier wird gefordert, sich zu einem Thema Gedanken zu machen, die Problematik zu hinterfragen, um sich **eine eigene Meinung zu bilden und diese auch zu vertreten.**

**Zusammenfassung**

In „Zusammenfassung" stehen – knapp und präzise – **die wichtigen Inhalte des jeweiligen Kapitels**. Diese Inhalte sollten gründlich gelernt werden.

**Wissens-Check**

Im „Wissens-Check" kann überprüft werden, **ob das Gelernte auch beherrscht wird**. Wer diese Fragen beantworten kann, hat sich ein solides Wissen erarbeitet.

Die Verwendung nur eines grammatikalischen Geschlechts dient ausschließlich der Erleichterung des Leseflusses.

**Ihr Feedback ist uns wichtig**

Wenn Sie mithelfen möchten, dieses Buch für die kommenden Auflagen zu verbessern, schreiben Sie uns unter *lektorat@europa-lehrmittel.de.* Ihre Hinweise und Verbesserungsvorschläge nehmen wir gerne auf.

Haan-Gruiten, Sommer 2020
Autoren und Verlag

## Lerngebiet 1: Mitgestalten in Schule, Betrieb und Gesellschaft



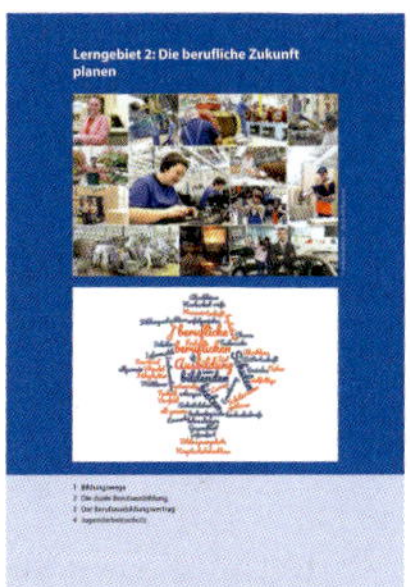

## Lerngebiet 2: Die berufliche Zukunft planen

## Lerngebiet 3: Konflikte und Probleme in Betrieb und Schule bewältigen

## Lerngebiet 4: Veranwortungsvoll mit Geld umgehen



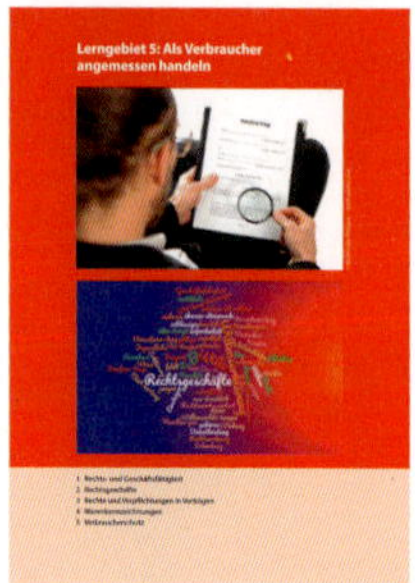

## Lerngebiet 5: Als Verbraucher angemessen handeln

# Lerngebiet 1: Mitgestalten in Schule, Betrieb und Gesellschaft

1 Aufbau und Aufgabe der Berufsfachschule
2 Mitwirken und Rollenvielfalt in Schule und Betrieb
3 Moderne Lebensformen
4 Zusammenleben mit kultureller Vielfalt

# 1 Aufbau und Aufgabe der Berufsfachschule

*Du musst dich entscheiden ...*

*Sich frühzeitig beruflich zu orientieren und den mittleren Bildungsabschluss anzustreben sind zwei Ziele der Berufsfachschule.*

*Berufliche Orientierung vor beruflicher Ausbildung macht Sinn, wenn der Ausbildungsplatz noch nicht sicher ist.*

*Sich einen Beruf vorstellen zu können und einen Einblick in das Berufsleben zu erhalten erleichtert die spätere Berufswahl.*

## 1.1 Funktion der Berufsfachschule

Die Berufsfachschule ist eine Schule mit beruflicher Orientierung und einem beruflichen Schulfach. Neben den bekannten, allgemeinbildenden Fächern, hat man in einer Berufsfachschule noch ein Fach mit Themen aus dem beruflichen Alltag. Ergänzt wird das berufliche Fach durch praktische Einblicke in die Berufswelt. Dies geschieht in einem Ausbildungsbetrieb und/oder in schuleigenen Werkstätten.

Schule mit Berufsorientierung verfolgt das Ziel, Schüler in Ausbildung zu bringen. Gleichzeitig gilt es aber auch, die Allgemeinbildung weiter zu vertiefen. Wer es schafft, zwei Jahre diese Schulform zu besuchen, kann an einer Abschlussprüfung teilnehmen. Der erfolgreiche Abschluss ist der Mittleren Reife gleichgestellt.

Man unterscheidet drei berufliche Fachrichtungen:

- technisch gewerblich
- sozialpflegerisch
- kaufmännisch

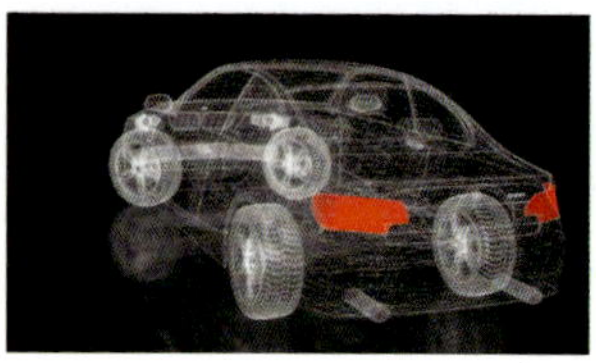


*Technisch gewerblich*

*Sozialpflegerisch*

*Kaufmännisch*

Die Schüler entscheiden sich zu Beginn der zweijährigen Berufsfachschule für eine der oben genannten Fachrichtung. Das berufliche Fach kommt dann aus der entsprechenden Fachrichtung.

Jeder Schüler lernt gezielt durch das berufliche Fach und die praktische Orientierung die spätere Berufswelt kennen. Er kann seine Fähigkeiten und Fertigkeiten im theoretischen und praktischen Handeln unter Beweis stellen.

## 1.2 Aufbau der Berufsfachschule

Die Berufsfachschule ist eine zweijährige Schulform. Voraussetzung ist ein Hauptschulabschluss. Bereits nach einem Jahr (Klassenstufe 10) hat der Schüler seine Berufsschulpflicht erfüllt.

Nach einem Jahr kann der Schüler die Schulform verlassen und in eine duale Ausbildung wechseln. Er erhält ein Stufenabschlusszeugnis für seine Bewerbungsunterlagen.

Die Aufnahme in das zweite Jahr der Berufsfachschule (Klassenstufe 11) ist an einen qualifizierten Durchschnitt auf dem Jahreszeugnis der Klassenstufe 10 geknüpft.

Am Ende der Klassenstufe 11 wird über die Zulassung zur Abschlussprüfung entschieden. Mit erfolgreichem Bestehen der Abschlussprüfung erreicht der Schüler die Zuerkennung des Mittleren Bildungsabschlusses.

| Fächer | Unterrichtsstunden BFS | | | |
|---|---|---|---|---|
| | Fachstufe I | | Fachstufe II | |
| | 1 HJ | 2 HJ | 1 HJ | 2 HJ |
| **Berufsübergreifender Bereich** | | | | |
| Religionslehre | 1 | 1 | 1 | 1 |
| Deutsch | 3 | 3 | 5 | 5 |
| Fremdsprache | 3 | 3 | 5 | 5 |
| Mathematik | 3 | 3 | 5 | 5 |
| Naturwissenschaftliches Fach | 0 | 0 | 2 | 2 |
| Wirtschafts- und Sozialkunde | 2 | 2 | 2 | 2 |
| Sport | 2 | 2 | 2 | 2 |
| **Berufsbezogener Bereich** | | | | |
| Berufliche Kompetenz | 8 | 8 | 8 | 8 |
| Fachpraktische Ausbildung | 8 | 8 | – | – |
| **Unterstützender Bereich** | | | | |
| Lernbegleitung und individuelle Förderung | 4 | 4 | 4 | 4 |
| Gesamtstundenzahl | 34 | 34 | 34 | 34 |

*Stundentafel Berufsfachschule*

1. Nenne zwei Funktionen der Berufsfachschule.
2. Nenne die notwendige Voraussetzung, um in die BFS II zu gelangen.
3. Beschreibe mit Deinen Worten das Fach „Lernbegleitung und individuelle Förderung“

# 2 Mitwirken und Rollenvielfalt in Schule und Betrieb

*Ob in der Schule oder im Betrieb, die Menschen müssen zusammenarbeiten, um ein gutes Ergebnis zu erzielen.*

*Jeder einzelne muss seinen Platz finden, auf dem er das beste dazu beitragen kann.*

*Dabei hat jeder von uns bestimmte Vorstellungen, wie man dabei vorgehen sollte.*

*Da nicht jeder für sich ohne Abstimmung untereinander vorgehen kann, müssen wir bestimmte Regeln festlegen. Wenn wir diese alle einhalten, kommt es zu einem guten Gesamtergebnis.*

## 2.1 Mitgestalten in der Schule

© geratl – pixabay

*Zusammenarbeit ist wichtig.*

Entdecke deine Stärken durch aktives Mitgestalten des Schullebens. Jede Schule ist so gut, wie man sie lebt. Du kannst organisieren, Sport treiben, künstlerisch tätig werden oder deine Klasse mit verwalten. Schule ist mehr als nur ein Ort des „klassischen" Lernens. Schule hilft dir Kompetenzen zu entwickeln und dabei viele Fähigkeiten für das Berufsleben zu entwickeln. Pack es mit an und stelle fest, was alles in Dir steckt. Zum Beispiel:

- Innen- und Außenanlagen der Schule mitgestalten
- Klassenfahrten mit organisieren
- Kulturelle Veranstaltungen planen
- Musikalische Unterstützung bei Festen initiieren
- Offener Unterrichtsbeginn durch sportliche Aktivitäten planen
- Sportevents mitgestalten und organisieren
- Klassenregeln gemeinsam aufstellen und visualisieren
- Klassensprecheraufgaben übernehmen
- ...

Demokratie mitgestalten heißt, sich für Rechte einzusetzen und Pflichten einzuhalten. Mit der Wahl zum Klassensprecher wächst die Verantwortung, sich für die Interessen seiner Mitschüler einzusetzen. Der Klassensprecher vertritt die Klasse vor dem Lehrer. Als Klassensprecher wird man zur Klassenkonferenz eingeladen. Dort wird auf den Eindruck des Klassensprechers, auf das Verhalten der Klasse und das Verhalten einzelner Schüler wert gelegt.

Als Klassensprecher vertritt man die Klasse bei der Versammlung der Schülersprecher an einer Schule. Alle Informationen und Entscheidungen werden verantwortungsbewusst gesammelt und der Klasse später mitgeteilt.

*Fast nichts ist unmöglich ...*

Als Schulsprecher vertritt man die ganze Schule nach innen und außen. So z. B. bei Schulkonferenzen oder Konferenzen auf regionaler Ebene (Schulregionkonferenz und die Landesschulkonferenz).

Das Mitwirken in einer Schule hilft, Verantwortung zu übernehmen. Kommunikative Fähigkeiten werden ebenso wie das eigene Selbstbewusstsein gestärkt. Man kann vieles möglich machen.

## 2.2 Meine Rollen in der Schule

Wer erwartet Was von Wem? Diese Frage stellen sich alle Personen, die an einer Schule mitwirken. Unabhängig ob Lehrer, Schüler oder Angestellte an einer Schule. Aus der Sicht des Schülers heißt das:

- Wer erwartet etwas von mir als Schüler?
- Wer erwartet etwas von mir als Freund?
- Wer erwartet etwas von mir als Klassensprecher, etc.?
- Wer erwartet etwas von mir als Sohn oder Tochter?
- Wer erwartet etwas von mir als Praktikant?
- Wer erwartet etwas von mir als Mensch?

*Schule macht Spaß ...*

Der Schüler übernimmt eine soziale Rolle. Er soll sich in der jeweiligen Rolle und in der jeweiligen Situation so verhalten, wie sein Umfeld es von ihm erwartet. Das ist nicht immer einfach und auch nicht immer zu leisten.

*Da war es wohl zu laut ...*

Vorbildlich ist der konzentrierte Schüler, der aktiv mitarbeitet und seinem Freund bei den Hausaufgaben hilft. Als Klassensprecher setzt er sich für die Rechte und Wünsche seiner Klassenkameraden ein. Seine Eltern sind stolz auf ihn, wenn er gute Noten mit nach Hause bringt. Im Betrieb zeigt er sich als lernwilliger und lernfähiger zukünftiger Mitarbeiter. Für außenstehende Beobachter gilt er als Vorbild durch sein Verhalten.

Eine Vielzahl von Rollen, die nicht ohne Konflikte zu bewältigen sind. Um diese Konflikte möglichst gering zu halten, sind bestimmte Umgangsformen, je nach Rolle, notwendig. Umgangsformen orientieren sich an Regeln, die aus Gesetzen und Vorschriften heraus entstanden sind. Sie unterscheiden sich nach kultureller Herkunft und sozialem Umfeld. Umgangsformen sind neben der Rolle auch von der Situation abhängig. So kann ein Fußballtrainer durch laute Anweisungen

Es ist zum Haare raufen ...



während eines Spieles bei seinen Spielern erfolgreich sein. Ein Lehrer erreicht gerade mal das Gegenteil von Erfolg, wenn er seine Schüler anschreit.

So unterscheidet man zwischen angemessenen Umgangsformen im privaten, schulischen und betrieblichen Bereich. Ausgehend von allgemeinen, gesellschaftlichen Umgangsformen, lassen sich angemessene Umgangsformen für diese drei Bereiche ableiten.

- Rücksichtsvoll verhalten
- Ausreden lassen und zuhören
- Gute Manieren zeigen
- Höfliche Ausdrucksformen nutzen
- Pünktlichkeit leben
- Zivilcourage zeigen
- Anderen Hilfe leisten
- Toleranz gegenüber anderen Kulturen entwickeln

1. Ordne diese und weitere Umgangsformen nach „Wichtigkeit" den Bereichen Schule, Betrieb und Familie zu.
2. Beschreibe weitere Situationen, in denen Umgangsformen von der jeweiligen Rolle abhängig sind.

# 3 Moderne Lebensformen

*Jede Zeit hat ihre besonderen Lebensformen. Was heute als „normal" angesehen wird, war zu früheren Zeiten unter Umständen unmöglich.*

*Wir kennen alle den Ausspruch von Erwachsenen. „Früher war alles besser ..."*

*Das zeigt uns, dass nicht jeder Mensch mit den Veränderungen in der Gesellschaft gleich gut klarkommt.*

## 3.1 Lebensformen im Vergleich

Die „klassische" Kernfamilie beschreibt das Zusammenleben von Vater, Mutter und Kind bzw. Kinder. Sie bildet eine soziale Kleingruppe, die gemeinsam in einem Haushalt leben. Oftmals sind die Kinder sehr behütet (überbehütet). Die Familienmitglieder haben eine enge Bindung zueinander.

*Eine typische Kleinfamilie*

Die „unvollständige“ Familie beschreibt das Zusammenleben von einem Erwachsenen und einem bzw. mehreren Kindern (Alleinerziehende). Die volle Verantwortung der Erziehung liegt bei einer Person. Die Kinder lernen frühzeitig sich selbst zu organisieren und sich gegenseitig zu unterstützen. Die Patchwork-Familie umschreibt eine Lebensform, in der die Partner Kinder aus einer vorherigen Beziehung mit in die Gemeinschaft bringen.

*Gleichberechtigung*

*https://youtu.be/U61tdnEv7xY*

Ein Zusammenfinden der Kinder untereinander ist oftmals schwieriger. Eigene Wünsche müssen zurückgestellt werden. Man lernt sich zu arrangieren und Offenheit zu leben.

Heterosexuelle oder homosexuelle Paare leben ohne Kinder zusammen. Die Karriere steht oftmals im Mittelpunkt. Eine Entscheidung, die für viele Paare nicht einfach ist, da das Fehlen von Familie mit Kindern im Alter nicht nachgeholt werden kann.

© Free-Photos – pixabay

*Pure Lebensfreude*

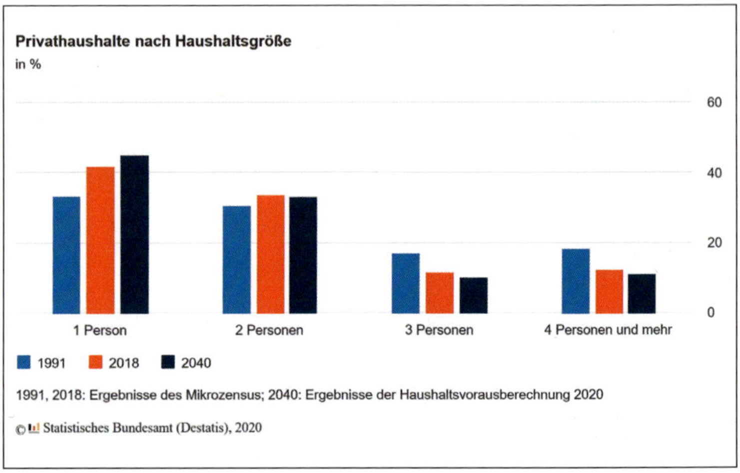


## 3.2 Gleiche Rechte für alle?

© geralt – pixabay

*Das wünschen wir uns alle ...*

Die Art der Lebensformen wird von immer mehr Menschen als selbstverständlich akzeptiert. Wie sieht es aber mit den Rechten aus? Männer und Frauen sind laut Grundgesetz Artikel 3 gleich. Doch gibt es in vielen Lebensbereichen noch Unterschiede. So werden Frauen bei gleicher Arbeit oftmals schlechter bezahlt.

Gleichberechtigung ist aber auch ein Menschenrecht, das allen Menschen schützen sollte. Gleichberechtigung bedeutet, dass jede Person die gleichen Rechte hat, egal, welches Geschlecht sie hat, welche sexuelle Orientierung, welchen Glauben. Gleichberechtigung bedeutet, dass jede Person die gleichen Chancen hat.

1. Beschreibe zwei Familien aus Deinem Bekanntenkreis und ordne sie den Lebensformen zu.
2. Worin liegen Stärken und Schwächen der jeweiligen Lebensformen?
3. Nenne ein Beispiel, wo Dir etwas Ungerechtes widerfahren ist.

# 4 Zusammenleben mit kultureller Vielfalt

*„Es gibt hundertvierundneunzig Länder, ich will jedes davon sehen, sechseinhalb Tausend Sprachen, ich versuch' sie zu verstehen. Die ganze Welt voll Abenteuer, will so viel wie's geht erleben. Aber dich, Baby, dich, nur dich, gibt's halt einmal für mich"* (Mark Forster)

## 4.1 Aspekte des Zusammenlebens

© geralt – pixabay

*Der Ton macht die Musik.*

Unser Leben wird bereichert durch Vielfalt, Abwechslung, unterschiedliche Sichtweisen und dadurch, neue Dinge kennen zu lernen. Man wächst auf in einer Gesellschaft, in die man hineingeboren wurde. Dadurch lernt man die Sprache und die Umgangsformen kennen. Die Normen und Werte der Gesellschaft werden akzeptiert, sodass man sich geborgen und zu Hause fühlt. Der Grundstein für ein Miteinander unter Gleichgesinnten ist gelegt. Auch hier stellt man fest, nicht alle Gleichgesinnten sind gleich. Jeder ist für sich genommen ein Unikat, etwas Besonderes. Jeder hat das Recht sich im Rahmen der geltenden Gesetze frei zu entfalten. Dabei kann man so vieles voneinander lernen. Man beobachtet, lernt, akzeptiert und profitiert voneinander. Dazu ist Toleranz und Akzeptanz notwendig. Das Gleiche gilt beim Zusammenleben mit Menschen aus unterschiedlichen Herkunftsländern mit unterschiedlichen Kulturen. Gegenseitige Rücksichtnahme ist die Voraussetzung, die Chancen der Vielfalt im Alltag und in der Gesellschaft zu nutzen. Dazu muss man sich kennenlernen und Offenheit zeigen für die Welt des jeweils anderen. Unbewusst hat man vieles „Fremde" bereits als selbstverständlich angenommen: ob das die italienische Pizza, das japanische Mittagsessen oder das chinesische Handy ist.

> Dein Christus ist ein Jude
> Dein Auto ist ein Japaner
> Deine Pizza ist italienisch
> Dein Mittagsmahl ist chinesisch
> Dein Champagner ist französisch
> Deine Demokratie ist griechisch
> Dein Kaffee ist brasilianisch
> Dein Urlaub ist türkisch
> Deine Schrift ist lateinisch ... und
> Dein Nachbar ist nur ein Ausländer?
>
> (Autor unbekannt)

## 4.2 Migration und Probleme der Integration in Deutschland

Eine Person hat einen Migrationshintergrund, wenn sie selbst oder mindestens ein Elternteil nicht mit deutscher Staatsangehörigkeit geboren wurden. Zugewanderte Ausländer und deren in Deutschland geborene Kinder zählen zu dieser Gruppe.

2018 hatte jede vierte Person in Deutschland einen Migrationshintergrund. Das entspricht einer Zahl von 20,8 Millionen Menschen in Deutschland.

Von diesen 20,8 Millionen in Deutschland lebenden Menschen sind rund 13,5 Millionen Menschen nicht hierzulande geboren.

Diese Zuwanderer nannten als wichtigstes Migrationsmotiv familiäre Gründe (48 %). Bei weiteren 19 % war es die Aufnahme beziehungsweise Suche nach einer Beschäftigung in Deutschland. Für 15 % der Zugewanderten stellten Flucht und Asyl das Hauptmotiv dar. 5 % gaben an, zum Studieren beziehungsweise wegen einer Aus- oder Weiterbildung nach Deutschland gekommen zu sein.

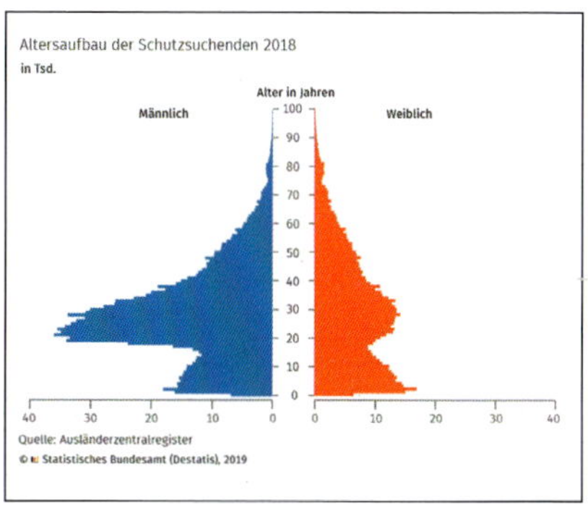

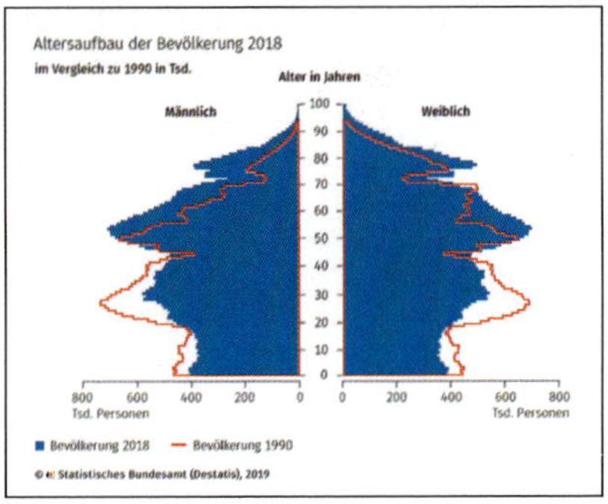


Welcher Grund auch immer hinter einer Einwanderung steht, alle haben das Recht und die Pflicht in unsere Gesellschaft integriert zu werden. Es gibt viele verschiedene Möglichkeiten der Integration. Jeder kann im kleinen Kreis versuchen, Menschen zu integrieren. Es sind oft die alltäglichen Dinge, die es ausmachen, sich nicht mehr fremd zu fühlen oder akzeptiert zu werden. Im Alltag heißt das z. B. bummeln durch die Stadt, lange frühstücken an Sonntagen, laute Geburtstagspartys feiern, Weihnachtslieder auswendig lernen um mitsingen zu können und vieles mehr.

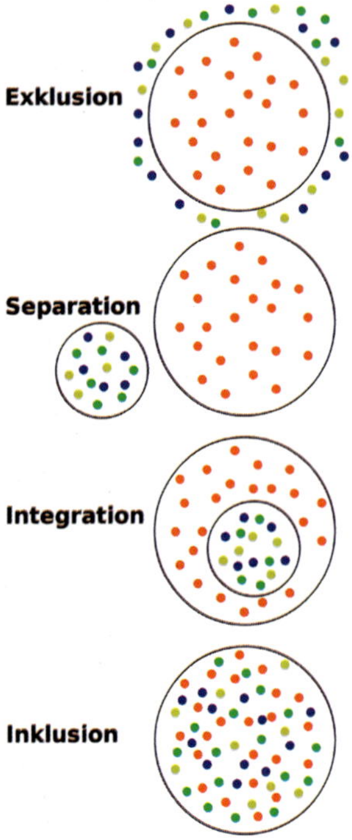


© WhiteHotaru – wikimedia/CC0 1.0

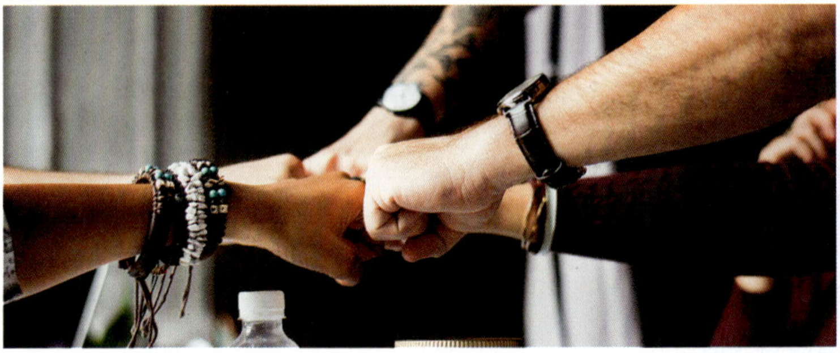

© Rawpixel.com – stock.adobe.com

Das Fremde wird langsam zum Vertrauten. Die Menschen werden langsam zu Freunde. Das ist Integration, die gemeinsam gelingen kann.

Respekt und Toleranz sind dazu notwendig. Offenheit und Kompromissbereitschaft die Schlüssel zu einer gelungenen Integration.

Probleme treten meistens auf, wenn notwendige Sprachkenntnisse fehlen. Dieses Problem begleitet oftmals die gesamte Schullaufbahn. Es kommt zu weniger qualifizierten Abschlüssen bzw. keinem Abschluss. Die Möglichkeiten auf dem Ausbildungsmarkt sind dadurch gering.

Ein Schulabschluss und eine Ausbildung in einem attraktiven und zukunftsfähigen Beruf sind wichtig für den späteren beruflichen und sozialen Lebenserfolg. Fehlt dieser, dann ist ein Grundstein für möglichen, sozialen Zündstoff gelegt.

1. Nenne drei weitere Beispiele, wie Integration in Deinem Umfeld gelingen kann.
2. Finde zwei weitere „Schlüssel“ für eine gelungene Integration.
3. Nenne zwei weitere Problemfelder der Integration.
4. Höre Dir das Lied von Mark Forster an und diskutiere danach über kulturelle Vielfalt und Offenheit.
5. Diskutiere die obenstehende Grafik zum Altersaufbau der Bevölkerung.
6. Erkläre mit Hilfe des Schaubildes den Unterschied zwischen Exklusion, Separation, Integration und Inklusion. Finde jeweils ein Beispiel heraus.

# Lerngebiet 2: Die berufliche Zukunft planen

# 1 Bildungswege

*Die beruflichen Schulen im Saarland bieten nach Abschluss der allgemein bildenden Schulen vielfältige Bildungsangebote. Ziel ist es, die Schülerinnen und Schüler im Vorfeld oder begleitend zu einer Ausbildung für den späteren Beruf fit zu machen.*

*Neben dem Erwerb einer beruflichen Ausbildung bieten sie die Chance, alle allgemein bildenden Abschlüsse (Hauptschulabschluss, Mittlerer Bildungsabschluss, Fachhochschulreife und Hochschulreife) zu erlangen.*

*Für ein erfolgreiches Arbeitsleben ist eine berufliche Ausbildung und lebenslanges Lernen notwendig. Insbesondere der technologische Wandel erfordert neue berufliche Fähigkeiten.*

## 1.1 Das System der beruflichen Schulen im Saarland

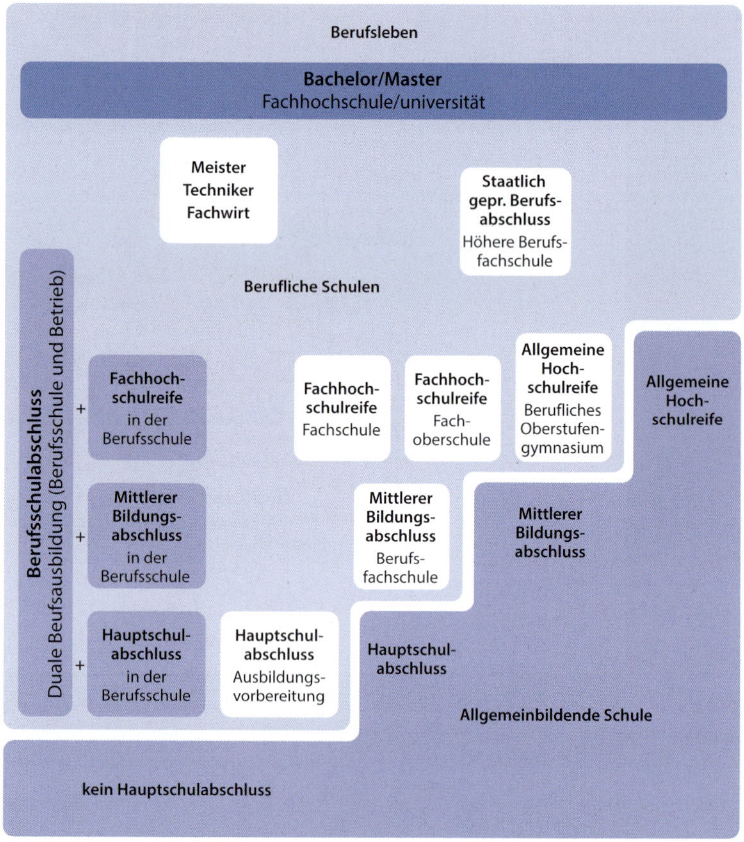


1. Erkunde das Bildungsangebot an Deinem Berufsbildungszentrum.
2. Beschreibe Bildungswege vom Hauptschulabschluss zur Mittleren Reife.

Mit einem erfolgreichen Abschlusszeugnis der BFS II erhält man den Mittleren Bildungsabschluss. Mit diesem Mittleren Bildungsabschluss kann man die Fachoberschule (FOS) besuchen. Sie wird in den folgenden Fachrichtungen angeboten:

- Wirtschaft
- Technik
- Gesundheit und Soziales
- Ernährung und Hauswirtschaft
- Technische Informatik
- Wirtschaftsinformatik
- Naturwissenschaften und Umwelttechnik
- Französisch in Wirtschaft und Verwaltung
- Tourismus
- Design

Mit einem Notendurchschnitt von mindestens 2,5 kann man in die Gymnasiale Oberstufe wechseln. Der erfolgreiche Besuch einer Fachoberschule (Fachhochschulreife) oder eines Beruflichen Oberstufengymnasiums (Hochschulreife), ermöglicht den direkten Zugang zu einem Hochschulstudium. Diese Abschlüsse bieten auch interessante Möglichkeiten im öffentlichen Dienst, z. B. bei der Verwaltung oder der Polizei.

Jugendliche mit Fachhochschulreife oder allgemeiner Hochschulreife können auch eine **Höhere Berufsfachschule (HBFS)** besuchen. Sie wird in unterschiedlichen Fachbereichen angeboten und befähigt zur Übernahme von Führungsaufgaben in mittleren und gehobenen Positionen bei vielen Wirtschaftsbereichen. Die Höhere Berufsfachschule dauert zwei Jahre und bietet eine attraktive Alternative zum Studium, z. B. mit dem Abschluss als „Staatlich geprüfter Technischer Systeminformatiker/*in".

## Berufsausbildung

Die Schülerinnen und Schüler können eine Berufsausbildung in einem der **Berufsfelder** anstreben. Die Berufsausbildung findet in den Betrieben statt. Daneben besuchen die Auszubildenden die Berufsschule. Viele Betriebe fordern von ihren Auszubildenden einen Hauptschulabschluss (HSA), einen Mittleren Bildungsabschluss (MBA) oder gar das Abitur als Einstellungsvoraussetzung.

Nach einer erfolgreichen Ausbildung können der Hauptschulabschluss oder die Mittlere Reife anerkannt werden. Hierfür müssen jedoch entsprechende Voraussetzungen erfüllt werden, z. B. Fremdsprachenkenntnisse.

**Höhere Berufsfachschule (HFBS)** für
- Automatisierungstechnik
- Fremdsprachen in Wirtschaft und Verwaltung
- Wirtschaftsinformatik
- das Hotel-, Gaststätten- und Fremdenverkehrsgewerbe

Lerngebiet 2

*Auszubildende zur Schornsteinfegerin*

**Berufsfelder**
Nach der Tätigkeit und dem Schwerpunkt der Branche wurden die Berufe in 54 Berufsfelder zusammengefasst. Zum Beispiel:
- Bank-, Versicherungsfachleute
- Bauberufe, Holz-, Kunststoffbe- und -verarbeitung
- Berufe in der Körperpflege
- Elektroberufe
- Hotel-, Gaststättenberufe, Hauswirtschaft
- Kaufmännische Büroberufe
- Köche/Köchinnen
- Metallerzeugung, -bearbeitung
- Soziale Berufe
- Verkaufsberufe (Einzelhandel)
- ...

## 1.2 Lebenslanges Lernen

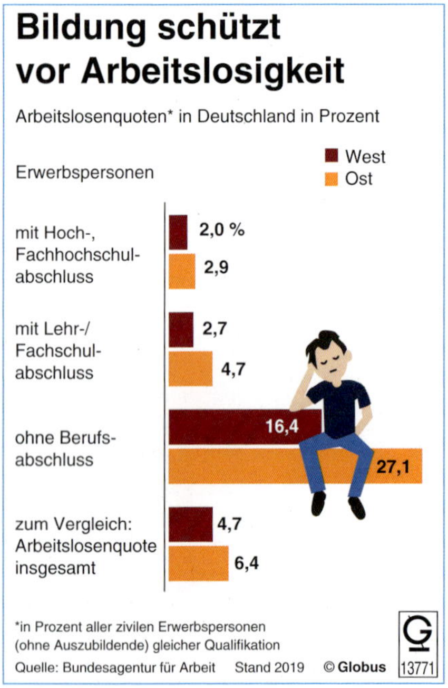


Die Bereitschaft zum lebenslangen Lernen ist Grundvoraussetzung für die berufliche Zukunft. Der beste Schutz gegen Arbeitslosigkeit ist Bildung – je mehr, desto besser. Facharbeiter mit einer soliden beruflichen Ausbildung haben beste Chancen, einen geeigneten Arbeitsplatz zu finden. Arbeitslosigkeit ist vor allem ein Problem für Menschen ohne Berufsabschluss.

In Zeiten des schnellen technologischen Wandels wird in Zukunft eine Ausbildung häufig nicht mehr ausreichen. Ständige Weiterbildung ist nötig, um das fachliche Wissen auf dem aktuellen Stand zu halten.

### Fort- und Weiterbildung für junge Arbeitnehmer

Auch für junge Arbeitnehmerinnen und Arbeitnehmer, die bereits im Berufsleben stehen, werden interessante Fort- und Weiterbildungen angeboten. Wer sich beruflich weiterbildet, verdient meistens mehr als Kollegen, die auf eine entsprechende Weiterbildung verzichten.

**Fachschule für**
- Technik
- Hotel- und Gaststättengewerbe
- Sozialpädagogik
- Meister/*innen der Hauswirtschaft
- Sowie die Akademie für Betriebs- und Unternehmensführung

Mit dem Mittleren Bildungsabschluss und einer entsprechenden beruflichen Qualifikation kann man zum Beispiel eine **Fachschule** besuchen. Sehr beliebt nach einer Ausbildung sind im technischen gewerblichen Bereich die Weiterbildungen zum Meister oder Techniker. Die Fachschule für Sozialpädagogik wird gerne im sozialpflegerischen Bereich gewählt. Diese qualifiziert zu einer eigenverantwortlichen Tätigkeit, z. B. als Erzieher/*in in einer Kindertageseinrichtung. Auch im kaufmännischen Bereich findet man interessante Weiterbildungen, z. B. zum Betriebswirt/*in und zum Wirtschaftsfachwirt/*in. Diese Aufstiegsweiterbildungen werden teilweise vom Staat mit einem Zuschuss unterstützt (z. B. Meister-BAföG).

### Neue Anforderung durch die Digitalisierung

Mit hoch entwickelten Produkten (z. B. Smartphone und Tablet-PC) ist ein ständiger Datenaustausch möglich, weil sie einen direkten Zugang zum Internet haben.

In der Industrie wird die Produktion immer stärker automatisiert und die Maschinen über das Internet miteinander vernetzt (Cyberphysische Systeme). Die Fachleute sprechen bereits von einer vierten Industriellen Revolution (Industrie 4.0).

Der technologische Wandel fordert veränderte berufliche Fähigkeiten, besonders qualifizierte Mitarbeiter und ein lebenslanges Lernen.

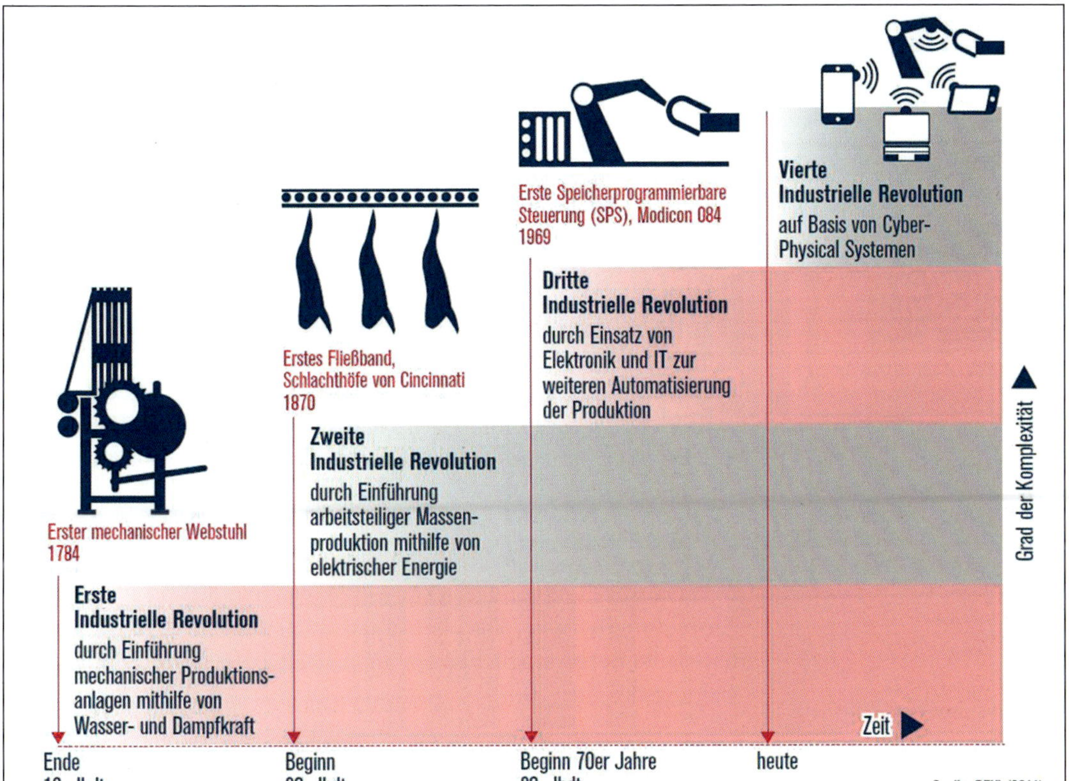

Quelle: DFKI (2011)

## Zusammenfassung

Voraussetzung für den Besuch einer Fachoberschule ist ein Mittlerer Bildungsabschluss. Bei erfolgreichem Abschluss erhält man die Fachhochschulreife.

Eine Fachschule kann mit einem Mittleren Bildungsabschluss und entsprechender beruflicher Qualifikation besucht werden.

Weiterbildung schützt vor Arbeitslosigkeit und verbessert die Verdienstchancen.

Mit einem Mittleren Bildungsabschluss kann man die Fachoberschule besuchen.

Lebenslanges Lernen ist Voraussetzung für einen sicheren Arbeitsplatz.

Der momentane technologische Wandel in der Industrie wird als vierte Industrielle Revolution bezeichnet.

## Wissens-Check

Beschreibe Möglichkeiten, um sich langfristig vor Arbeitslosigkeit zu schützen.

# 2 Die duale Berufsausbildung

*Berufenet der Agentur für Arbeit*

*https://berufenet.arbeitsagentur.de/berufenet/faces/index?path=null*

*Früher waren die meisten Menschen in der Landwirtschaft beschäftigt. Im technisch-gewerblichen Bereich war die Arbeit vor allem von handwerklicher Arbeit geprägt. Es gab nur wenige Handwerksberufe, wie z. B. Bäcker, Schneider und Schmied. Die Vielzahl unterschiedlichster Berufe entwickelte sich erst im Zuge der Industrialisierung. Der Herstellungsprozess wurde seitdem in viele einzelne Arbeitsgänge und Tätigkeiten aufgeteilt. Diese haben sich zu eigenen Berufen entwickelt, z. B. Elektriker/*in. An der Herstellung eines modernen Produktes sind viele spezialisierte Fachkräfte beteiligt. Auch die kaufmännischen und sozialen Berufe haben sich mit der Zeit entwickelt, z. B. Industriekaufmann/frau, Florist/*in, Erzieher/*in und Altenpfleger/*in.*

Heute macht jeder zweite Jugendliche in Deutschland eine duale Berufsausbildung und erlernt einen von rund 340 anerkannten Ausbildungsberufen. Darüber hinaus bietet der Staat zahlreiche interessante Berufsmöglichkeiten an, z. B. als Polizist/*in oder als Verwaltungsbeamter/*in.

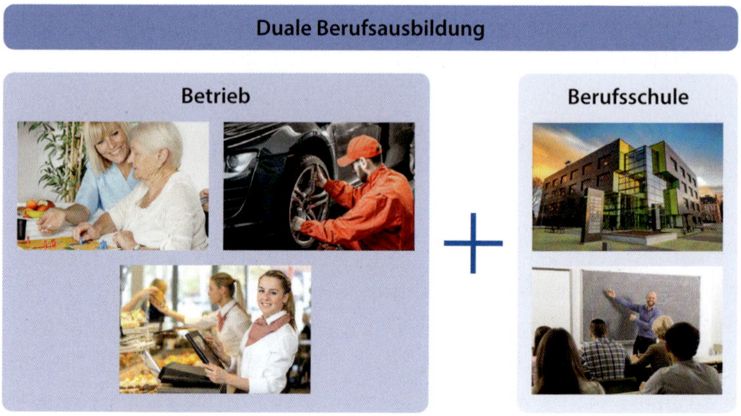




Benenne die drei dargestellten Ausbildungsberufe.

## 2.1 Lernorte

Findet die berufliche Ausbildung im Betrieb und in der Berufsschule statt, spricht man von einer dualen Berufsausbildung. Die Ausbildung an den beiden Lernorten soll sich ergänzen.

Der Betrieb übernimmt die praktische Ausbildung. Damit ermöglicht er den Erwerb der erforderlichen Berufserfahrung während der Ausbildung.

Die Berufsschule deckt vor allem den theoretischen Teil der Ausbildung ab. Neben der Vermittlung fachtheoretischer Kenntnisse wird die Allgemeinbildung (Deutsch, Sport, Religion, Wirtschafts- und Sozialkunde) gefördert.

**Lerninhalte der dualen Berufsausbildung**

| Betrieb | Berufsschule |
|---|---|
| **Fachpraxis**<br>**+ Fachtheorie** | **Fachtheorie**<br>**+ Allgemeinbildung**<br>**+ Fachpraxis** |
| **Kammerprüfung**<br>**= Gesellen-/Facharbeiterbrief** | **Abschlussprüfung** |

© Michael Altmeyer

IHK Saarland

© dpa

Erkläre die Vorteile und Nachteile einer dualen Berufsausbildung.

## 2.2 Die Kammern

Die Ausbildung in den Betrieben muss organisiert sein. Dafür sind die Kammern zuständig. Dazu zählen, z. B. die Handwerkskammer des Saarlandes (HWK), die Industrie- und Handelskammer des Saarlandes (IHK) und die Ärztekammer des Saarlandes, die alle ihren Sitz in Saarbrücken haben.

Für Ausbildungsinteressierte und Auszubildende gibt es dort alle Infos rund um die Ausbildung. Neben Beratung und Hilfe bei Problemen können sie auch bei der Vermittlung von Ausbildungsplätzen behilflich sein.

Die wichtigsten Regelungen für die Berufsausbildung sind im Berufsbildungsgesetz **(BBiG)** und im Jugendarbeitsschutzgesetz (JArbSchG) aufgeführt. Hier sind die Rechte und Pflichten der Ausbildenden und der Auszubildenden (Azubis) bis hin zum Berufsausbildungsvertrag beschrieben.

*https://www.bmbf.de/de/das-berufsbildungsgesetz-bbig-2617.html*

**BBiG: Berufsbildungsgesetz**
Im Berufsbildungsgesetz sind die Rahmenbedingungen für die berufliche Bildung festgeschrieben.

### Zusammenfassung

Die duale Berufsausbildung findet im Betrieb und in der Berufsschule statt. Der Betrieb deckt den praktischen Teil und die Berufsschule den theoretischen Teil der Ausbildung ab.

Die Kammern sind zuständig für die Organisation der Ausbildung.

### Wissens-Check

Recherchiere die Jugendarbeitslosenquote von Deutschland, Frankreich, Großbritannien und Italien.

# 3 Der Berufsausbildungsvertrag

*Vor Beginn einer Berufsausbildung wird zwischen dem Ausbildenden und dem Auszubildenden ein Berufsausbildungsvertrag geschlossen. Der Berufsausbildungsvertrag schützt den Auszubildenden.*

*Er wird vom Auszubildenden und einem Vertreter des Ausbildungsbetriebes unterschrieben. Wenn der Auszubildende noch keine 18 Jahre alt ist, müssen die gesetzlichen Vertreter unterschreiben, also in der Regel die Mutter und der Vater.*

*Die zuständige Kammer prüft den Berufsausbildungsvertrag. Erst mit dem Eintrag in das Verzeichnis der Berufsausbildungsverhältnisse ist der Berufsausbildungsvertrag rechtskräftig.*

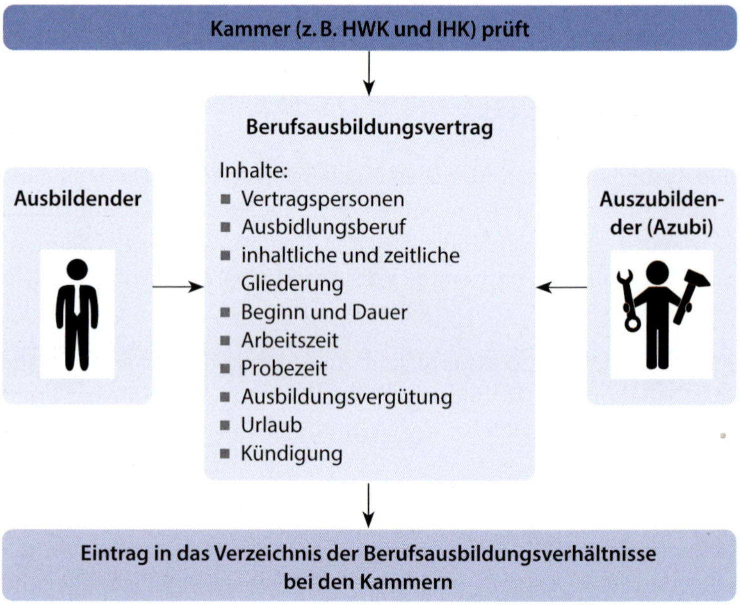




## 3.1 Ausbildungsbetriebe

Ausbildungsbetriebe müssen für die Berufsausbildung geeignet sein. Es muss eine genügende Ausstattung und qualifiziertes Ausbildungspersonal vorhanden sein.

Am besten wäre es, wenn jeder Ausbildungsbetrieb alle für einen Beruf nötigen Fertigkeiten und Kenntnisse vermitteln könnte. Dies ist in kleineren Unternehmen jedoch häufig nicht möglich. Dann müssen Ausbildungsmaßnahmen außerhalb des Betriebes durchgeführt werden. Dies könnte beispielsweise in Lehrwerkstätten bei den Handwerkskammern oder überbetrieblichen Einrichtungen der **Innungen** stattfinden.

**Innungen**
Innungen sind Zusammenschlüsse von Handwerkern desselben Handwerks. Die Innungen haben den Zweck, die gemeinsamen Interessen zu fördern, z. B. die Konditoreninnung für das Saarland.

## 3.2 Rechte und Pflichten

Die Ausbildungspartner haben Rechte und übernehmen ebenfalls Pflichten.

| **Pflichten des Ausbildenden**<br>= Rechte des Auszubildenden | **Pflichten des Auszubildenden (Azubi)**<br>= Rechte des Ausbildenden |
|---|---|
|  |  |
| Ausbildungspflicht | Lernpflicht |
| Vergütung | Gehorsamspflicht |
| Fürsorgepflicht | Sorgfaltspflicht |
| Freistellung zum Besuch der Berufsschule | Berufsschulpflicht |
| Zeugnisausstellung | Schweigepflicht |
| | Gesetzliches Wettbewerbsverbot |
| | Berichtsheft führen |

*Das Führen des Berichtshefts ist Bestandteil des Ausbildungsnachweises und gehört zu den Voraussetzungen für die Zulassung zur Facharbeiter-/Gesellenprüfung.*

Die Nichteinhaltung der Pflichten kann zu einer außerordentlichen Kündigung (fristlosen Kündigung) und zur Schadensersatzpflicht führen.

## 3.3 Probezeit

Während der Probezeit kann das Ausbildungsverhältnis sowohl vom Ausbildenden als auch vom Auszubildenden ohne Angabe von Gründen beendet werden. Die Dauer der Probezeit beträgt mindestens einen Monat und höchstens vier Monate.

## 3.4 Dauer der Ausbildung

Die Ausbildungsdauer ist in der jeweiligen Ausbildungsordnung vorgeschrieben und muss im Berufsausbildungsvertrag festgelegt sein. Die **Ausbildungsdauer** beträgt, je nach Ausbildungsberuf und Vorbildung, zwei bis dreieinhalb Jahre.

Normalerweise endet das Berufsausbildungsverhältnis mit Ablauf der vorgeschriebenen Ausbildungszeit. In bestimmten Fällen kann die Ausbildungszeit verkürzt oder verlängert werden.

**Ausbildungsdauer (Beispiele):**

**2 Jahre**
- Verkäufer/*in
- Tiefbaufacharbeiter/*in

**3 Jahre**
- Tischler/*in
- Industriekaufmann/frau

**3 ½ Jahre**
- Zahntechniker/*in
- Metallbauer/*in

Handwerkskammer des Saarlandes
Hohenzollernstraße 47 – 49 · 66117 Saarbrücken
Postfach 10 13 31 · 66013 Saarbrücken
Telefon 06 81/58 09-1 19/1 20/2 00 · www.hwk-saarland.de

## Berufsausbildungsvertrag

Eingang:
Nr.:
am:
Siegel, Unterschrift:

Dieser Vertrag ist anerkannt und in das Verzeichnis der Berufsausbildungsverhältnisse, die Lehrlingsrolle eingetragen.

Zwischen dem Ausbildenden

- Firma, Betrieb: Stahlbau Krämer GmbH
- Straße: Industriestraße 92
- PLZ, Ort: 66740 Saarlouis
- Telefon: 06831-998840
- E-Mail: info@stahlbau-krämer-saarlouis.de

Die Ausbildung erfolgt durch den Ausbilder:

- Name, Vorname: Krämer, Robert

und dem Lehrling/Auszubildenden ☒ m ☐ w

- Name, Vorname: Müller, Jan
- Straße: Hauptstraße 24
- PLZ, Ort: 66763 Dillingen
- Telefon: 06831-887455
- geb. am: 18.03.2004 in: Saarlouis

Gesetzliche Vertreter (Eltern/Vormund)[1]

- Name, Vorname: Müller, Martina
- Straße: Hauptstraße 24
- PLZ, Ort: 66763 Dillingen

wird nachstehender Vertrag nach Maßgabe der geltenden Bestimmungen und dem geltenden Berufsordnungsmittel zur Ausbildung im Ausbildungsberuf (ggf. mit Fachrichtung, Schwerpunkt o. ä.) geschlossen:

- Ausbildungsberuf: Metallbauer
- Fachrichtung, Schwerpunkt, Wahlqualifikationseinheit: Konstruktionstechnik

Die Führung des Ausbildungsnachweises (Berichtshefts) erfolgt: ☒ schriftlich ☐ elektronisch

**A** Die Ausbildungszeit beträgt nach der Ausbildungsordnung Monate: 42

Hierauf wird angerechnet

- ☐ Berufsfachschule bzw. andere Schule, z. B. Gymnasium, Realschule, BGJ
- ☐ Lebensalter (zu Beginn mind. 21 Jahre alt)
- ☐ bzw. eine sonstige Vor- oder Ausbildung als

bei:
vom: bis:

Anrechnungszeit: Monat/e und Tag/e

Das Berufsausbildungsverhältnis dauert demnach (bitte Tag, Monat und Jahr angeben)

| vom Tag | Monat | Jahr | bis Tag | Monat | Jahr |
|---|---|---|---|---|---|
| 01 | 08 | 2020 | 31 | 01 | 2024 |

**B** Die Probezeit beträgt ☐ 1 Monat ☐ 2 Monate ☒ 3 Monate ☐ 4 Monate

**C** Die Ausbildung findet vorbehaltlich der Regelungen nach § 2 Nr. 6 in o. a. Betriebsstätte und den mit dem Betriebssitz für die Ausbildung üblicherweise zusammenhängenden Bau-, Montage- und sonstigen Arbeitsstellen statt.

**D** Der Ausbildende zahlt dem Lehrling (Auszubildenden) eine angemessene Vergütung. Sie beträgt z. Zt. monatlich brutto EUR im

| 1. Ausbildungsjahr | 2. Ausbildungsjahr | 3. Ausbildungsjahr | 4. Ausbildungsjahr |
|---|---|---|---|
| 620,00 | 710,00 | 750,00 | 810,00 |

Siehe § 5 Nr. 1

**E** Die regelmäßige Ausbildungszeit beträgt Stunden täglich: 8 Stunden wöchentlich: 40

Bei noch nicht 18 Jahre alten Personen sind die Vorschriften des Jugendarbeitsschutzgesetzes zu beachten. Soweit die tägliche Ausbildungszeit durch Tarifvertrag oder Betriebsvereinbarung abweichend geregelt ist, gilt die tarifliche oder vereinbarte Ausbildungszeit.

**F** Der Ausbildende gewährt dem Auszubildenden Urlaub nach den geltenden Bestimmungen. Es besteht ein Urlaubsanspruch

| im Kalenderjahr | 2020 | 2021 | 2022 | 2023 | 2024 |
|---|---|---|---|---|---|
| Arbeitstage oder | 13 | 30 | 30 | 30 | 3 |
| Werktage | | | | | |

* Soweit auf den vorliegenden Vertrag Bestimmungen von Tarifverträgen oder sonstigen Vereinbarungen Anwendung finden, sind diese zu beachten und zum Gegenstand des Ausbildungsvertrages zu machen.

**G** Sonstige Vereinbarungen[2]

**H** Die umstehenden Vereinbarungen sind Gegenstand des Vertrages und werden anerkannt.

- Ort, Datum: Saarlouis, 20.06.2020
- Unterschrift Betriebsinhaber: *Robert Krämer*
- Unterschrift Ausbilder: *Robert Krämer*
- Unterschrift Lehrling/Auszubildende/r: *Jan Müller*
- Unterschrift gesetzliche Vertreter (Eltern, Vormund): *Martina Müller* *Hubert Müller*

1) Vertretungsberechtigt sind beide Eltern gemeinsam, soweit nicht die Vertretungsberechtigung nur einem Elternteil zusteht. Ist ein Vormund bestellt, so bedarf dieser zum Abschluss und zur Änderung des Berufsausbildungsvertrages der Genehmigung des Vormundschaftsgerichtes. – 2) Falls es sich um einen Vertrag nach § 42 I HwO handelt, bitte hier einsetzen.

Stand: 12/17

■ Bitte auch Rückseite ausfüllen!

*Handwerkskammer des Saarlandes in Saarbrücken*

### Wissens-Check

Lies den Berufsausbildungsvertrag durch.

1. Benenne den Ausbildungsberuf.
2. Gib die Ausbildungsdauer und die Dauer der Probezeit an.
3. Nenne die Anzahl der Urlaubstage im zweiten Ausbildungsjahr.
4. Gib die Vergütung im dritten Ausbildungsjahr an.
5. Nenne die regelmäßige tägliche Ausbildungszeit.

## 3.5 Verkürzung der Ausbildungszeit

Der Auszubildende kann einen Antrag auf eine vorzeitige Zulassung zur Prüfung stellen. Zur Verkürzung müssen zwei Bedingungen erfüllt sein:

- Der Auszubildende hat gute Leistungen in der betrieblichen Ausbildung erbracht und der Ausbildungsbetrieb muss die vorzeitige Zulassung befürworten.
- Der Auszubildende hat gute Leistung in der Berufsschule erbracht (Notendurschnitt von mindestens 2,5).

Die Ausbildungszeit kann auch aufgrund der schulischen Vorbildung verkürzt werden, z. B. für Abiturienten.



## 3.6 Verlängerung der Ausbildungszeit

Besteht der Auszubildende die Prüfung nicht, kann die Ausbildung verlängert werden. Auch in Ausnahmefällen kann die Ausbildungszeit verlängert werden, um das Ausbildungsziel zu erreichen. Solch ein Ausnahmefall ist z. B. eine längere Ausfallzeit wegen einer Krankheit.

## 3.7 Prüfungen

In den dualen Berufsausbildungsberufen finden eine praktische Prüfung und eine schriftliche Prüfung statt. Die Organisation und Durchführung der Prüfungen erfolgt durch die zuständigen Stellen, z. B. Handwerkskammer, Industrie- und Handelskammer.

Nach bestandener Prüfung erhält der Auszubildende ein Zeugnis der zuständigen Stelle, z. B. den Gesellenbrief der Handwerkskammer oder den Facharbeiterbrief der Industrie- und Handelskammer. Von der Berufsschule erhält er ein Abschlusszeugnis. Bei guten Leistungen kann die Berufsschule einen Mittleren Bildungsabschluss verleihen.

## 3.8 Kündigung des Ausbildungsverhältnisses

Die Voraussetzungen für eine Kündigung sind gesetzlich festgelegt. Jugendliche und Auszubildende genießen einen besonderen Kündigungsschutz.

Nur während der Probezeit kann ohne Angabe von Gründen gekündigt werden. Die Probezeit beträgt zwischen einem Monat und vier Monaten.

Nach der Probezeit kann nur aus wichtigem Grund gekündigt werden, z. B. wegen Diebstahls. Der Auszubildende kann auch nach der Probezeit mit einer Kündigungsfrist von vier Wochen kündigen.

*Fristlose Kündigung des Ausbildungsverhältnisses*

## 3.9 Aufhebungsvertrag

Im gegenseitigen Einvernehmen kann das Ausbildungsverhältnis jederzeit aufgehoben werden. Dem Aufhebungsvertrag sollte der Auszubildende nur aus dringenden Gründen zustimmen, z. B. beim Wechsel des Ausbildungsbetriebes oder des Ausbildungsberufs.

## Zusammenfassung

Ein Berufsausbildungsvertrag wird zwischen dem Ausbildenden und dem Auszubildenden geschlossen.

Die zuständige Kammer prüft den Berufsausbildungsvertrag.

Inhalte des Berufsausbildungsvertrags sind u. a. die Vertragspersonen, der Ausbildungsberuf, die inhaltliche und zeitliche Gliederung sowie der Beginn und die Dauer der Ausbildung, die Arbeitszeit, die Probezeit, die Ausbildungsvergütung und der Urlaubsanspruch.

Personal und Ausbildungsstätte müssen für die Ausbildung geeignet sein.

Ausbildende und Auszubildende (Azubi) haben Rechte und Pflichten. Eine Nichteinhaltung der Pflichten kann zu einer Kündigung führen.

Während der Probezeit (ein bis vier Monate) können Ausbildender und Auszubildender das Ausbildungsverhältnis ohne Angabe von Gründen kündigen.

Die Dauer der Ausbildung beträgt je nach Ausbildungsberuf zwischen zwei und dreieinhalb Jahre.

Nach bestandener Prüfung erhält der Auszubildende ein Zeugnis der zuständigen Stelle (z. B. Kammer) und ein Abschlusszeugnis der Berufsschule.

## Wissens-Check

1. Nenne die Vertragspartner bei einem Berufsausbildungsvertrag.
2. Benenne die „zuständige Stelle“ für einen Auszubildenden.
3. Nenne die längst mögliche Probezeit.
4. Recherchiere im Internet (z. B. „Berufenet“ der Agentur für Arbeit) zu einem möglichen Ausbildungsberuf.
   a) Wähle Deinen Lieblingsausbildungsberuf aus.
   b) Recherchiere die nachfolgenden Informationen:
      - Ausbildungsberuf
      - Inhalte der Ausbildung
      - Ausbildungsdauer
      - Abschluss
   c) Betriebe in der Nähe
   d) Präsentiere die Ergebnisse oder erstelle ein Video zum Thema „mein Lieblingsberuf“.

# 4 Jugendarbeitsschutz

*In vielen Ländern ist der Arbeitsschutz nicht selbstverständlich. Durch die Arbeitsschutzregelungen in Deutschland sollen einzelne Arbeitnehmer vor Unfällen und Überbelastung geschützt werden. Der besondere Arbeitsschutz für Jugendliche wird durch das Jugendarbeitsschutzgesetz geregelt.*

## 4.1 Jugendarbeitsschutzgesetz

Das Jugendarbeitsschutzgesetz (JArbSchG) regelt den besonderen Arbeitsschutz für Jugendliche. Jugendlicher nach dem Jugendarbeitsschutzgesetz ist, wer 15, aber noch nicht 18 Jahre alt ist. Das Jugendarbeitsschutzgesetz gilt für Jugendliche, die sich in einem Arbeits- oder einem Berufsausbildungsverhältnis befinden. Es gilt auch für die Schüler der Berufsfachschule während des Praktikums im Betrieb. Kinderarbeit (unter 15 Jahren) ist in Deutschland verboten.

*http://www.gesetze-im-internet.de/jarbschg/index.html*

© Dave Vaughan

Das Jugendarbeitsschutzgesetz wird häufig mit dem Jugendschutzgesetz verwechselt. Das Jugendschutzgesetz schützt Jugendliche in der Öffentlichkeit. Es regelt den Verkauf und die Abgabe von Tabak, Alkohol, Filmen und Computerspielen sowie den Aufenthalt in Clubs und Gaststätten.

### Arbeitszeit

Jugendliche dürfen nicht mehr als acht Stunden täglich und nicht mehr als 40 Stunden wöchentlich beschäftigt werden. Wenn an einzelnen **Werktagen** die Arbeitszeit auf weniger als acht Stunden verkürzt ist, können Jugendliche an den übrigen Werktagen der Woche achteinhalb Stunden beschäftigt werden.

**Werktage:**
jeder Tag einer Woche mit Ausnahme von Sonn- und Feiertagen

Grundsätzlich dürfen Jugendliche nicht zwischen 20 und 6 Uhr beschäftigt werden (Nachtruhe). Es werden aber Ausnahmen eingeräumt.

Jugendliche müssen nach ihrer täglichen Arbeitszeit mindestens zwölf Stunden ununterbrochene Freizeit haben. Wenn zum Beispiel eine

17-jährige Auszubildende als Einzelhandelskauffrau bis 20 Uhr arbeitet, darf sie am darauffolgenden Morgen frühestens um 8 Uhr wieder anfangen.

Allerdings wird die Samstags-, Sonntags- und Feiertagsruhe für Berufe in bestimmten Branchen eingeschränkt. Zum Beispiel ist Samstagsarbeit im Friseurhandwerk oder im Gaststättengewerbe erlaubt, wenn dafür an einem Ersatztag, z. B. Montag, frei ist.

### Ruhepausen

Jugendliche müssen spätestens nach viereinhalb Stunden Arbeit eine Pause einlegen. Deren Länge richtet sich nach der Gesamtarbeitszeit:

- 30 Minuten bei einer Gesamtarbeitszeit von viereinhalb bis sechs Stunden
- 60 Minuten bei einer Gesamtarbeitszeit von mehr als sechs Stunden

Eine Arbeitsunterbrechung gilt nur dann als Ruhepause, wenn sie mindestens 15 Minuten beträgt.

**Die Dauer des Urlaubs richtet sich nach dem Alter des Auszubildenden zu Beginn des Kalenderjahres**

Wer noch nicht 16 Jahre alt ist: Jahresurlaub mindestens 30 Werktage

Wer noch nicht 17 Jahre alt ist: Jahresurlaub mindestens 27 Werktage

Wer noch nicht 18 Jahre alt ist: Jahresurlaub mindestens 25 Werktage

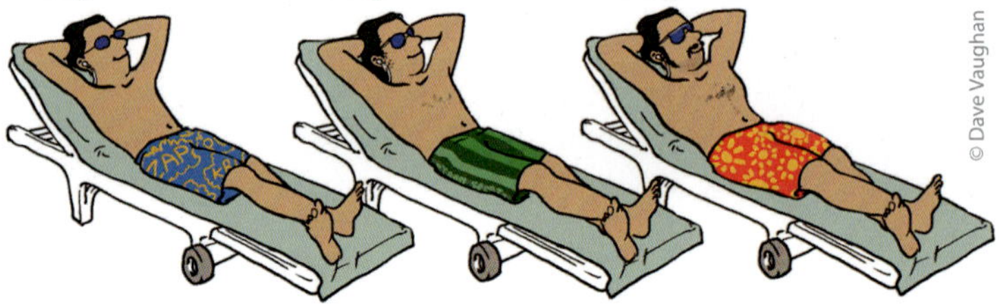

© Dave Vaughan

### Urlaub

Dem jugendlichen Auszubildenden steht Urlaub zu. Die Mindestanzahl von Urlaubstagen ist abhängig von dem Alter zu Beginn eines Kalenderjahres.

### Beschäftigungsverbote und -beschränkungen

**Akkordarbeit:**
Bezahlung nach der angefertigten Stückzahl (Stücklohn)

Neben der Samstags-, Sonntags- und Feiertagsruhe gilt für Jugendliche ein Beschäftigungsverbot für **Akkordarbeit** und für **gefährliche Arbeiten**.

### Berufsschule

**Gefährliche Arbeiten:**
- Arbeiten bei übermäßigen psychischen, physischen oder sittlichen Belastungen
- Arbeiten bei übermäßiger Hitze, Kälte oder Nässe
- Arbeiten bei übermäßiger Belastung durch Lärm, Erschütterungen, Strahlen, Giftstoffe
- Arbeiten bei erhöhter Unfallgefahr, die vom Jugendlichen nicht einschätzbar ist

Die Jugendlichen müssen vom Ausbildungsbetrieb für die Teilnahme am Berufsschulunterricht freigestellt werden.

## 4.2 Weitere Arbeitsschutzregelungen

Der Arbeitsschutz soll die Arbeitnehmer vor arbeitsbedingten Sicherheits- und Gesundheitsgefährdungen schützen. Daher ist es das Ziel, Arbeitsunfälle zu verhüten und die Gesundheit der Arbeitnehmer zu schützen. Beim Arbeitsschutz kann man zwischen dem technischen und dem sozialen Arbeitsschutz unterscheiden.

## Technischer Arbeitsschutz

Der technische Arbeitsschutz umfasst alle Schutzvorschriften für die Beschäftigten bei technischen Tätigkeiten. Zu den Beschäftigten zählen auch die Auszubildenden und die Praktikanten in einem Betrieb. Technischer Arbeitsschutz regelt alle Bereiche zur Sicherheit der Beschäftigten am Arbeitsplatz, vor allem mit Regelungen zur Benutzung von Maschinen und mit Regelungen zur Gestaltung des Arbeitsplatzes. Eine gute Beleuchtung, das Tragen der richtigen Schuhe und das richtige Heben schwerer Pakete verhindert Unfälle und Krankheiten. Zudem gibt es Schutzvorschriften zum Arbeiten mit Maschinen, die zum Beispiel das Tragen von Schutzbrille und Arbeitshandschuhen vorschreiben.

1. Beschreibe und interpretiere die Karikatur.
2. Beschreibe technische Arbeitsschutzbestimmungen in Deinem Praktikumsbetrieb.

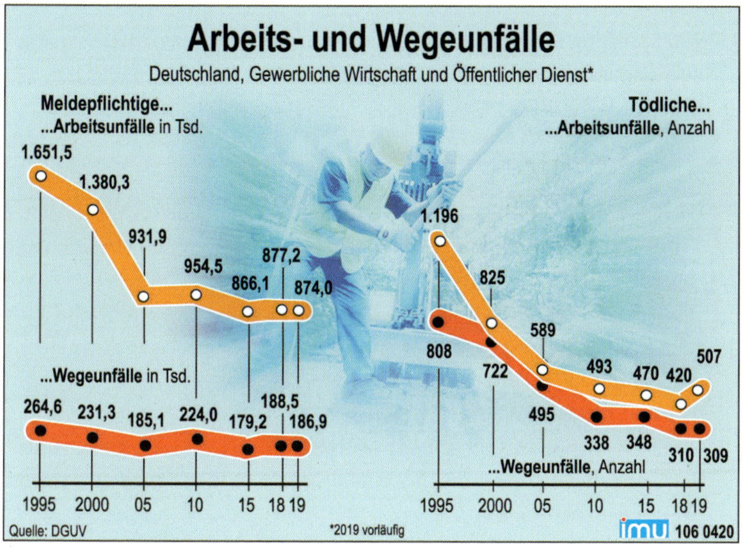


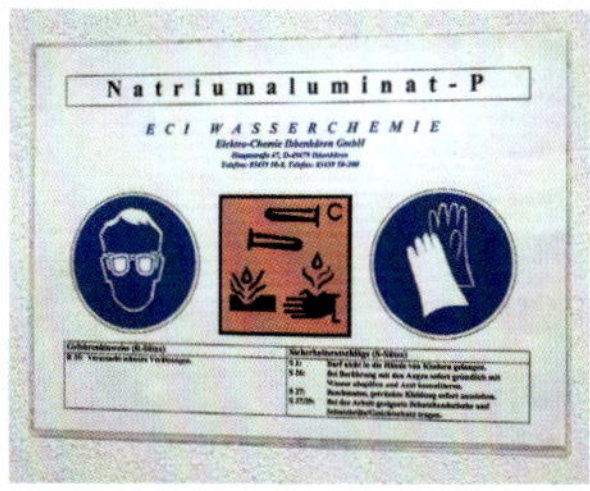




*Gebotsschilder zum Benutzen von einer Schutzbrille und Handschuhen beim Arbeiten mit Chemikalien.*

**Wegeunfälle:**
Wegeunfälle sind Unfälle eines Beschäftigten auf dem direkten Weg zur oder von der Arbeit.

## Sozialer Arbeitsschutz

Der soziale Arbeitsschutz umfasst alle Bereiche, die die Sicherheit von besonders schutzbedürftigen Beschäftigten bei der Arbeit berühren. Dazu zählen auch das Jugendarbeitsschutzgesetz und die Arbeitszeitregelungen.

Einige Personengruppen benötigen besonderen Schutz vom Gesetzgeber. Daher ist für bestimmte Arbeitnehmergruppen ein besonderer Arbeitsschutz vorgesehen. Dazu zählen z. B. Auszubildende nach der Probezeit und Schwerbehinderte. Für diese Arbeitnehmer ist eine

Kündigung unzulässig. Ausnahme stellen Kündigung aus wichtigem Grund dar, z. B. wegen Diebstahl oder Körperverletzung.

Von Bedeutung ist auch die Regelung im Entgeltfortzahlungsgesetz (EFZG). Arbeitnehmer, die unverschuldet arbeitsunfähig werden, haben bis zu sechs Wochen Anspruch auf volle Fortzahlung ihrer Bezüge durch den Arbeitgeber.

Vergleiche den technischen mit dem sozialen Arbeitsschutz.

## Zusammenfassung

Das Jugendarbeitsschutzgesetz (JArbSchG) gilt für Jugendliche, die sich in einem Arbeits- oder Berufsausbildungsverhältnis befinden.

Jugendlicher ist, wer 15, aber noch nicht 18 Jahre alt ist.

Jugendliche sind vor übermäßiger Belastung zu schützen.

Jugendliche dürfen grundsätzlich nicht zwischen 20 und 6 Uhr sowie samstags, sonntags und feiertags beschäftigt werden. Für Jugendliche, die in bestimmten Branchen oder Unternehmen tätig sind, gibt es Ausnahmeregelungen.

Die Jugendlichen sind für die Teilnahme am Berufsschulunterricht freizustellen.

Der technische Arbeitsschutz umfasst alle Schutzvorschriften für die Beschäftigten bei technischen Tätigkeiten.

Schutzbedürftige Personengruppen genießen einen erweiterten Arbeitsschutz.

## Wissens-Check

1. Gib wieder, wer im Sinne des Jugendarbeitsschutzgesetzes (JArbSchG) Jugendlicher ist.
2. Ein Auszubildender als Kfz-Mechatroniker ist in einem Betrieb freitags von 7 Uhr bis 12 Uhr beschäftigt. Um früher nach Hause gehen zu können, verzichtet er am Vormittag auf 20 Minuten Pause. Begründe, ob der geschilderte Sachverhalt rechtlich zulässig ist.
3. Eine 17-jährige Auszubildende im Gast- und Hotelgewerbe darf bis 22 Uhr arbeiten. Wann ist bei einem Acht-Stundentag am nächsten Morgen Arbeitsbeginn?
4. Ein junger Dachdecker arbeitet bei 45 °C auf einem Hausdach. Der Meister verbietet es dem Auszubildenden, stattdessen soll er die Dachziegel in einen Lastenaufzug legen und nach oben befördern. Welche Begründungen könnte der Meister nach dem Jugendarbeitsschutzgesetz (JArbSchG) für seine Entscheidung anführen?
5. Eine Auszubildende als Industriekauffrau hat am 10. August diesen Jahres Geburtstag und wird 18 Jahre alt. Ermittele die Mindestanzahl von Urlaubstagen, die ihr zustehen.
6. Gib an, welche werktägliche Arbeitszeit für Auszubildende nicht überschritten werden darf.
7. Nenne Beispiele für den technischen und sozialen Arbeitsschutz.

# Lerngebiet 3: Konflikte und Probleme in Betrieb und Schule bewältigen

# 1 Konflikte lösen

*Jan (17): „Der neue Arbeitskollege im Praktikumsbetrieb nervt, weil er immer alles besser weiß. Jedes Mal, wenn er in der Nähe ist, gibt es Ärger. Er provoziert mich mit seinen beleidigenden Sprüchen und lacht mich aus, wenn man als Neuling einen kleinen Fehler macht. Und in der Schule hackt der neue Lehrer auch ständig auf mir rum. Ständig macht er Witze auf meine Kosten. Wenn ich was weiß, nimmt er mich nicht dran und bei einer falschen Antwort hat er eine fiese Bemerkung parat. Der konnte mich von Anfang an nicht leiden."*

## 1.1 Ursachen und Auswirkungen

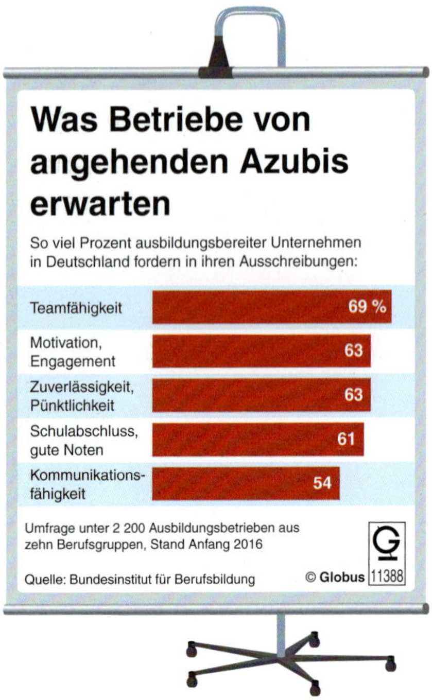


### Erwartungen in der Berufswelt

Mit Beginn eines Praktikums oder einer Ausbildung sind die Erwartungen aller Beteiligten groß: Auszubildende und Ausbildungsbetriebe erhoffen sich vor allem eine erfolgreiche Ausbildungszeit. Aber es lauern viele Hürden auf dem Weg ins Berufsleben, sei es im Betrieb, der Berufsschule oder auch daheim.

Es gibt immer Stoff für kleinere Konflikte, wenn Menschen mit unterschiedlichen Interessen und Ansichten aufeinandertreffen. Aber das ist völlig normal. Vorgesetzte und Lehrer gehören meist einer anderen Generation an und haben bestimmte Erwartungen an das Verhalten und die Leistung eines Auszubildenden und Schülers.

Keiner der Beteiligten möchte, dass eine Ausbildung scheitert. Für einen ausbildenden Betrieb bedeutet dies unnötige Kosten, verlorene Energie und Zeit. Auch für die Jugendlichen bedeutet ein Ausbildungsabbruch unnötigen Zeitverlust. Zudem schwindet dadurch schnell die Lust an weiteren Bemühungen.

1. a) Was erwartest Du von Deinem neuen Praktikumsbetrieb, Deinen neuen Lehrern und Deinen Mitschülern, um Dich bestmöglich zu unterstützen?
   b) Überlege Dir, welche Erwartungen sie alle an Dich als (Mit-)Schüler und Praktikant haben.
2. Diskutiert in der Klasse, ob es schon zu kleineren Konflikten in den neuen Praktikumsbetrieben gekommen ist. Nenne mögliche Gründe, warum es dazu kam.

## Gründe für einen Konflikt

Die häufigsten Gründe für Konflikte im Betrieb und in der Schule sind:

- Unpünktlichkeit
- unentschuldigte Fehlzeiten
- Unzuverlässigkeit
- schlechte Mitarbeit und Unaufmerksamkeit in der Schule
- schlechte Umgangsformen
- mangelnde Geduld



Aber auch ungünstige äußere Bedingungen können zu Konflikten führen, zum Beispiel:

- Stress im Betrieb
- unklare Anweisungen und Aufgabenverteilungen
- Termin- und Leistungsdruck

Wenn in einem Betrieb oder in der Schulklasse nicht mehr miteinander, sondern übereinander geredet wird, verstärken sich Konflikte. Der aufkommende Ärger sollte daher auf keinen Fall unter den Teppich gekehrt werden oder in sich reingefressen werden.

*Passende Verhaltensweise im Unterricht? Ein Konflikt ist vorprogrammiert*

Häufig beruhen Konflikte auch auf Missverständnissen oder Unverständnis dem Anderen gegenüber. Wenn die Situation sich mal zugespitzt hat, ist eine Problemlösung viel schwieriger als ein offenes Gespräch zu Beginn.

Daher gilt:

> Ein gutes Arbeitsklima erkennt man nicht daran, dass es keine Konflikte gibt (denn das gibt es nicht), sondern daran, wie mit Konflikten umgegangen wird.

## Auswirkungen eines Konflikts

Es genügt eine unüberlegte Bemerkung, eine falsche Geste oder ein geringschätziger Blick, um einen Konflikt auszulösen oder zu verschärfen. Der ganze angestaute Ärger kann sich dann explosionsartig entladen. Das Gefährliche: Spannungen, Eifersüchteleien und Machtkämpfe können in „Mobbing“ münden und sogar folgenschwere Erkrankungen auslösen.

Mögliche Auswirkungen von ungeklärten Konflikten im Betrieb und Schule sind:

- Aggressive Stimmung
- Unzufriedenheit
- Unwohlsein, z. B. Schlaflosigkeit, Appetitlosigkeit
- Depressionen
- Schlechte Arbeitsergebnisse und Schulnoten

## 1.2 Typische Konfliktverstärker

Manche ziehen es vor, den Ärger runterzuschlucken und mit einem Lächeln zu überspielen. Dies kann langfristig krank machen. Aber den Ärger rauslassen will gelernt sein: Wutausbrüche enthalten häufig Botschaften, die das Gegenüber verunsichern und verletzen können.

Für ein konfliktlösendes Gespräch sollten alle Gesprächspartner folgendes unbedingt vermeiden:

| Bissige Bemerkungen | Übertreibungen | Verallgemeinerungen | Beleidigungen |
|---|---|---|---|
| ▪ „Ja, ja, ja! Schon klar!"<br>▪ „War ja klar, dass Sie schon wieder ...."<br>▪ „Sie sind aber empfindlich." | ▪ „So was habe ich mir ja noch nie anhören müssen."<br>▪ „Das ist ja wohl das Allerletzte."<br>▪ „Das bringt doch nichts." | ▪ „Ständig müssen sie ..."<br>▪ „Es ist immer das gleiche hier ..."<br>▪ „Sie hören mir nie zu." | ▪ „Hier sind nur Idioten."<br>▪ „Sie labern nur Unsinn."<br>▪ „Sie kapieren auch gar nichts." |

### Ich-Botschaften statt Du-Botschaften

© Antonioguillem – stock.adobe.com

*Nicht immer hat die Chefin für ihren Praktikant so viel Zeit.*

Besonders in Stresssituationen verwenden Menschen in ihren Formulierungen gerne Schuldzuweisungen und versteckte Angriffe, „Du-Botschaften":

> *Beispiel: Die Vorgesetzte ist verärgert, weil die Praktikantin denselben Fehler zweimal gemacht hat und schimpft: „Das kann doch nicht Dein Ernst sein! Hast Du denn das immer noch nicht kapiert?" Die Praktikantin fühlt sich ungerecht behandelt und ist eingeschüchtert. Die nächste Zeit kommt sie nur noch ungern in den Betrieb.*

Die Chefin könnte im oben aufgeführten Beispiel durch eine andere Formulierung ihrer Du-Botschaften den Konflikt vermeiden:

„Das kann doch nicht Dein Ernst sein!" bedeutet eigentlich so viel wie „Ich verstehe Dein Problem bei dieser Aufgabe nicht." Hinter der Formulierung „Hast Du das immer noch nicht kapiert?" steckt eventuell, dass die Chefin durch Termindruck wenig Zeit hat, der Praktikantin die Aufgabe mehrfach zu erklären. Besser wäre ein Satz wie „Ich erkläre es Dir später in einer ruhigen Minute wieder." Der Satz meint das gleiche, ist aber weniger konfliktfördernd („Ich-Botschaft").

*Beispiele für Ich-Botschaften sind:*

*Ich bin verärgert ...*

*Ich mag es nicht, dass ...*

*Ich war traurig ...*

*Es hat mich gestört, dass ...*

*Mir hat nicht gefallen ...*

*Ich fühlte mich beleidigt ...*

*Wenn Du Quatsch machst, höre ich nichts und das stört mich ...*

*Mir passt es nicht ...*



Unter Stress gelingt es auch Vorgesetzten und Lehrern nicht immer, den richtigen Ton zu treffen.

Wenn man selbst mit einer Aussage übers Ziel hinausgeschossen ist, sollte man in einem nächsten Satz seine falsche Formulierung verbessern und den Konflikt schnellstmöglich eindämmen.

Finde zu folgenden Aussagen (Du-Botschaften) bessere Formulierungen (Ich-Botschaften):

„Nie bist Du da, wenn Du gebraucht wirst!"

„Gib Dir mal mehr Mühe!"

„Wow, Du bist ja mal pünktlich."

Diskutiere über Situationen, die Du in diesem Zusammenhang schon im Praktikum, in der Schule oder daheim erlebt hast.

## 1.3 Botschaften beachten

### Kommunikation ist vielschichtig

Ein Satz kann mehrere Bedeutungen gleichzeitig haben. Wenn die Vorgesetzte im Praktikumsbetrieb sagt: „Der Papierkorb ist voll." hat dieser Satz vier verschiedene Nachrichten für den Empfänger:

1. Der Papierkorb ist voll. (Sachaspekt)
2. Ich möchte, dass er geleert wird. (Appell)
3. Als Vorgesetzte kann ich Dir Anweisungen geben. (Beziehungsaspekt)
4. Ich leere ihn nicht selbst. (Selbstaussage)

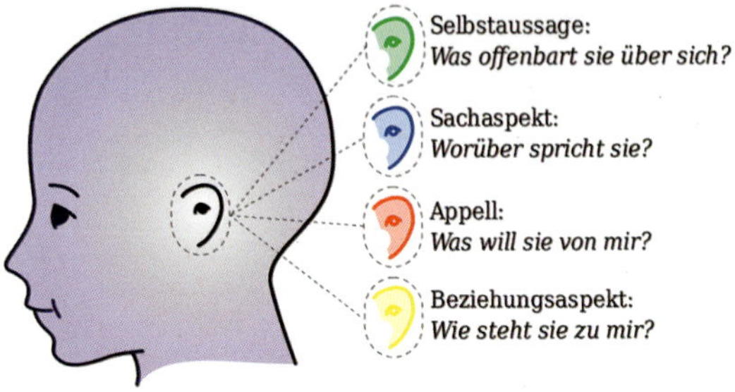


Das Beispiel macht deutlich, wie vielschichtig Kommunikation ist und wie schwierig es für den „Empfänger" sein kann, die Absicht des „Senders" zu verstehen. Keiner schafft es, beim Sprechen oder Hören alle vier Aspekte bewusst zu beachten. Daher bleiben Missverständnisse nicht aus. Wenn der Gesprächspartner nicht wie erwartet auf einen Satz im Gespräch oder Chat reagiert, dann hat er wahrscheinlich etwas missverstanden. Ein direktes Nachfragen verhindert in diesem Fall einen Konflikt am besten.

Dein Vorgesetzter im Praktikum sagt zu Dir: „Schau mal, da wartet ein Kunde!". Interpretiere diesen Satz.

Formuliere jeweils die vier Aspekte der Nachricht bei folgenden Sätzen:

Der Beifahrer sagt im Auto: „Schau mal, die Ampel ist rot!"

Die Fahrerin antwortet: „Fährst Du oder fahre ich?"

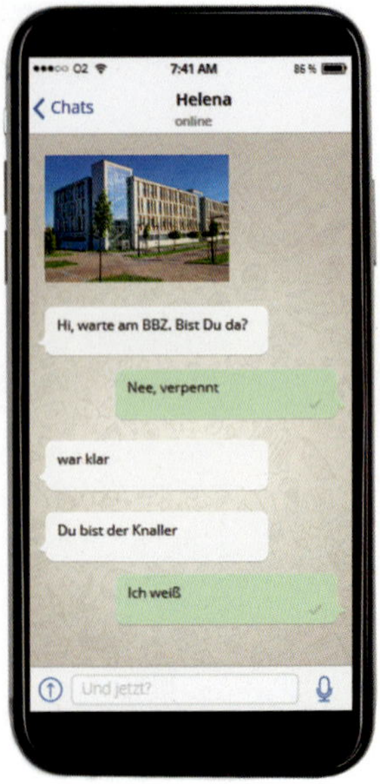


*Chatverlauf*

Mimik, Gestik und Betonung sind ebenso wichtig zum Verstehen. Bei schriftlichen Nachrichten über das Smartphone fallen diese Informationen aber weg. Wenn wir in einem Messenger Nachrichten schreiben, dann nutzen wir kleine Hilfsmittel, um die wahre Bedeutung schriftlicher Nachrichter klarer zu machen: Emojis. Die kleinen Bilder helfen, Freude, Traurigkeit, Wut oder Ironie mit wenigen Worten auszudrücken. Bei Missverständnissen kann es zu Spannungen und zu Konflikten kommen. Im Berufsleben sind diese Emojis noch nicht üblich, z. B. in einer Nachricht an den Betriebsleiter.

1. Beschreibe, welche Emojis im abgebildeten Chatverlauf sinnvoll ergänzt werden sollten, um die Nachrichten besser zu verstehen.
2. Beschreibe Situationen, in denen Du Kurznachrichten falsch verstanden hast.

## Körpersprache

Ein großer Teil eines „Gesprächs" findet gar nicht mit Worten statt. Selbst, wenn man ohne was zu sagen mit anderen Menschen in einem Raum ist, kommuniziert man durch Blicke, durch Gesten und durch Körperhaltung.

© BlueSkyImages – stock.adobe.com

*Kommunikation findet mit dem ganzen Körper statt.*



Daher bringt es auch in einem herannahenden Konflikt kaum etwas, einfach nur still zu sein. Eine hochgezogene Augenbraue, Stirnrunzeln oder verschränkte Arme können vom Gegenüber als Ablehnung gedeutet werden. Gerade der unbewusst ablaufende Teil eines Gesprächs birgt Konfliktgefahr.

Stelle in der Klasse verschiedene Gemütszustände (z. B. böse, genervt, gelangweilt, stolz, niedergeschlagen, etc.) nur mit Körpersprache dar.

## 1.4 Cool bleiben im Konflikt

### Umgang mit Aggressionen

Sowohl Vorgesetzten, Lehrern und auch Mitschülern kann es mal unter Stress passieren, dass sie sich im Ton vergreifen oder sogar aggressiv reagieren. Die erste Reaktion der meisten Menschen ist dann, auf den Streit einzugehen und einen Gegenangriff zu starten. Das Konfliktgespräch schaukelt sich hoch und am Ende geht es nicht mehr um die eigentliche Sache, sondern nur noch darum, wer stärker ist oder wer die Schuld des Streits trägt.

© berc – stock.adobe.com

*„Wer schreit, hat Unrecht!" sagt ein Sprichwort*

Es ist egal, wer Schuld an einem Konflikt hatte. Das wichtigste Ziel ist es, den Streit zu beenden und eine gemeinsame Lösung für das Problem zu finden! Den Konflikt so früh wie möglich ansprechen ist besser als ihn zu ignorieren.

### Wertschätzend miteinander reden

© Pixel-Shot – stock.adobe.com

*Gewalt geht gar nicht!*

Gehe mit dem Gesprächspartner wertschätzend um und „mach ihn nicht runter". Das Gespräch darf auch nicht von der eigentlichen Sache abweichen (nach dem Motto: „was ich Dir eh schon immer mal sagen wollte ...").

Beide Konfliktteilnehmer müssen ohne Gesichtsverlust aus dem Streit gehen können. Wenn ein Konfliktteilnehmer mit Worten in die Ecke gedrängt wird, dann fühlt er sich bedroht und geht zum Gegenangriff über. Das verstärkt nur den Konflikt. Daher sollte ein Konfliktgespräch wenn möglich unter vier Augen geführt werden und nicht, wenn noch andere Personen in der Nähe bzw. im Raum sind.

Sobald sich jedoch ein Konfliktteilnehmer zu unterwürfig verhält, kann dies auch bei der Lösung eines Konfliktes stören.

Wenn Beleidigungen gefallen sind, muss zur Lösung des Konfliktes erst mal eine Entschuldigung erfolgen.

© dpa

**Wie kannst Du reagieren, wenn der Chef oder ein Mitschüler im Gespräch zu laut werden?**

- Bewahre Ruhe und atme einmal durch.
- Nimm Dir Zeit für Deine Antwort.
- Zeige, dass Du den Streit so nicht weiterführen möchtest.
- Hör zu und fall nicht ins Wort.
- Bleib sachlich.
- Versuch, Gemeinsamkeiten beim Thema zu finden.

**Wenn es zu heftig wird:**

- Stopp das Gespräch! Schlag einen geeigneteren Zeitpunkt für das Gespräch vor. Mit „Wut im Bauch" kann fast niemand sachlich bleiben.
- Geh, wenn möglich, auf Abstand, eventuell verlass den Raum.

# 2 Kritikfähigkeit

*Viele Menschen verbinden den Begriff „Kritik" mit etwas Negativem. Sie denken dann an einen Vorwurf, weil man etwas falsch gemacht hat. Deshalb fällt es auch so schwer zu akzeptieren, wenn man kritisiert wird.*

## 2.1 Äußern von Kritik

Wenn ein Lehrer zu einem Schüler sagt: „Du bist zu unsportlich, um im Sportunterricht gute Noten zu erzielen.", dann erzeugt diese Kritik nur Frust oder sogar Wut.

© natanaelginting – stock.adobe.com

Wenn der Lehrer jedoch in seiner Kritik Tipps gibt, z. B. „Wenn Du diese Übung täglich wiederholst, wirst Du Deine Note verbessern.", dann sieht der Schüler dies nicht als Beleidigung.

**Destruktive** Kritik erzeugt nur negative Reaktionen. Daher ist es entscheidend, auf welche Art eine Kritik ausgeübt wird. **Konstruktive** Kritik zeigt immer einen Weg zur Verbesserung und macht niemanden schlecht. Wie im letzten Kapitel schon beschrieben, gelingt dies meist mit „Ich-Botschaften". Dies gilt nicht nur in der Schule, sondern auch im Betrieb und daheim.

Wichtig ist auch, stets sachlich zu bleiben und nichts Negatives über die Person selbst zu äußern (z. B. „Du bist dumm"). Negative Äußerungen zur Person führen oft zu Spannungen und künftige Äußerungen werden nur noch als Angriff wahrgenommen.

Kritik richtig äußern

Ich spreche immer in der Ich-Form und beginne meine Sätze mit: „Ich finde, dass ..." oder „Meiner Meinung nach ...".

Ich beschreibe das konkrete Problem und verallgemeinere nicht (keine Wörter wie „immer" und „nie" benutzen).

Ich verbinde meine Kritik mit einem gutgemeinten Rat.

Ich gebe es zu, wenn sich herausstellt, dass ich mich getäuscht habe.

1. „Der Ton macht die Musik!" Interpretiere diesen Satz.
2. Beschreibe Kritik, die Dir gegenüber in der Schule oder im Praktikum geäußert wurde. Welche Gefühle hattest Du dabei?
3. Formuliere fünf weitere konkrete destruktive Äußerungen. Formuliere die gefundenen Aussagen in konstruktive Kritik um.
4. Erstellt in Gruppen auf einem Plakat eine Checkliste zum richtigen Kritisieren.



**Destruktive Kritik:**
Es wird mit voller Wucht das Ego attackiert. Sie wirkt nur wenig aufbauend und bietet keine konkreten Handlungsempfehlungen.

**Konstruktive Kritik:**
Das sind Verbesserungsvorschläge auf Sachebene, die in der Regel gut umgesetzt werden können.

© dpa

*Auch beim Sport muss man Fehler zugeben und sich entschuldigen.*

## 2.2 Umgang mit Kritik

© athree23 – pixabay

*Ein gutes Feedback beinhaltet auch Hinweise, wie man es besser machen kann.*

Warum sind die meisten Menschen nicht wirklich kritikfähig? Wenn wir gelobt werden, fühlen wir uns gut. Wir sind anerkannt und beliebt. Eine kleine Kritik macht uns dann auch nichts aus, wenn wir ansonsten von dem Vorgesetzten, dem Lehrer oder in einer Gruppe uns anerkannt fühlen. Wir sehen eine kritische Äußerung nur als Rückmeldung zu unserem Verhalten.



### Kritikfähigkeit und Selbstwertgefühl

Je weniger wir gelobt werden und je mehr wir kritisiert werden, desto schwieriger ist es, mit Kritik umzugehen. Wir empfinden dann kritische Äußerungen oft als Ablehnung oder gar als Angriff.

**Feedback (engl.):** Rückmeldung

Kritikfähigkeit hat also sehr viel mit unserem Selbstwertgefühl zu tun. Wenn wir eher selbstsicher sind und der Meinung sind, dass die andere Person uns mag, dann nehmen wir eine kritische Rückmeldung eher als das an, was sie ist: ein **Feedback**. Wir denken über die Kritik nach und lernen was für die Zukunft. Unsichere Menschen verhalten sich anders.

### Richtige und falsche Reaktionen auf Kritik

© yuriyzhuravov – stock.adobe.com

*Ein Gegenangriff bringt nur Streit.*

Jeder Mensch kann an sich selbst am besten feststellen, wie er mit Kritik umgeht. Nimmt man die Kritik nicht an, weil sie nicht gerechtfertigt war oder hat man ein Problem mit Kritik allgemein? Wenn Kritik am Selbstbewusstsein kratzt, verhalten sich diese Menschen oft in einer bestimmten Weise, z. B.:

- Sie versuchen, anderen Personen möglichst alles recht zu machen und sich immer „richtig" zu verhalten
- Sie versuchen ihr Verhalten in endlosen Erklärungen zu rechtfertigen („Ja, aber …").
- Sie lassen Kritik „cool" an sich abprallen und spielen vor, als wäre es ihnen egal.
- Sie gehen zum Gegenangriff über und beleidigen den Kritiker.

Diese Strategien helfen jedoch nur, dass die Kritik nicht so weh tut und führen langfristig zu weiteren Konflikten.

## Richtiger Umgang mit Kritik

### 1. Nicht sofort auf Kritik reagieren

Damit gewinnt man Zeit zum Nachdenken. Man beobachtet sich selbst, welche Reaktion man spontan gezeigt hätte und welche Reaktion sinnvoller gewesen wäre. Mit diesen Überlegungen reagiert man dann anders als sonst auf die Kritik und es kommt nicht zu einem Konflikt.

### 2. Kritik als etwas Positives ansehen

Statt spontan zu reagieren, sollte man sich als erste Reaktion für die Rückmeldung bedanken und erklären, dass man diese Kritik in Ruhe überdenken möchte. Man kann auch um zusätzliche Erklärungen bitten. Der Kritiker fühlt sich wertgeschätzt und man steigt im Ansehen des Kritikers. Zudem hat man Zeit zum Nachdenken gewonnen. Eventuell erkennt man sogar, dass die kritische Äußerung tatsächlich wertvoll war.

### 3. Die eigene Energie nicht in einem Kampf verschwenden

Die eigene Energie ist begrenzt und man sollte sie für etwas Sinnvolleres als für einen unnötigen Kampf mit dem Kritiker nutzen. Ein Schlagabtausch gegen den Kritiker führt nur zu langfristigem Streit und zu eigener Unzufriedenheit.

### 4. Unsachliche Kritik nicht beachten

Unsachliche und beleidigende Kritik zeigt nur, dass die andere Person mit sich selbst unzufrieden ist und unsicher ist. Selbstsichere Menschen haben es nicht nötig, andere runterzumachen. Zudem erkennt man, ob die Kritik als Hilfe gemeint war oder nur als Angriff.

### 5. Ungerechtfertigte Kritik ruhig ablehnen

Eine andere Ansicht muss nicht immer die richtige sein. Wenn man die Kritik ungerechtfertigt findet und nichts an seinem Verhalten ändern möchte, dann ist das völlig in Ordnung und man muss es auch nicht lang erklären. Eine Diskussion darüber führt zu nichts und bringt eher Streit.

### 6. Sich bei Kritik nicht direkt in Frage stellen

Wer sich direkt immer selbst in Frage stellt, leidet unter einem zu geringem Selbstwertgefühl. Dies zu ändern, ist nicht einfach. Es hilft, sich klarzumachen, was man alles schon erreicht hat, welche Stärken man hat und wer hinter einem steht.

**Und das Wichtigste: Wenn die Kritik berechtigt war, zustimmen**

Wenn man tatsächlich im Unrecht war, dann gibt man es zu und entschuldigt sich.

1. Diskutiere in der Klasse über Verhaltensweisen, mit denen Menschen Kritik auszuweichen versuchen.
2. Beschreibe, wie Du mit einer schlechten Note im Unterricht umgehst.
3. Ein Lehrer gibt Dir bei einem Großen Leistungsnachweis (GLN) eine schlechte Note. Beim Austeilen der Arbeit sagt er zu Dir: „Wer nichts lernt, bekommt jetzt halt schlechte Noten." Wie reagierst Du? Welche Reaktion wäre sinnvoll?

# 3 Umgang mit besonderen Konflikten: Mobbing

*In der Schule oder im Beruf treffen Menschen aufeinander. Diese Menschen haben unterschiedliche Lebensläufe, Charaktere, Erfahrungen und Meinungen, wodurch es zu Konflikten kommen kann. Wenn jedoch Konflikte schwelen und Meinungsverschiedenheiten unausgesprochen bleiben, können sich ‚Fronten' bilden, die das Arbeitsklima in der Schule oder im Betrieb vergiften.*

## 3.1 Mobbing in der Schule oder im Betrieb

© fizkes – stock.adobe.com

*Betroffene sind meist ohnmächtig gegenüber Unwahrheiten.*

Sowohl in der Schule als auch im Betrieb begegnen sich verschiedene Personengruppen.

Unter Arbeitskollegen oder gerade unter Schülern kommt es immer wieder zu Konflikten, die mit Worten oder sogar körperlicher Gewalt geführt werden.

Eine besondere Form des Konfliktes ist Mobbing.

Saskia wird seit längerem von ehemaligen Freundinnen ausgegrenzt; sie wollen nicht mehr, dass sie Teil ihrer Clique ist. Seit einigen Wochen meiden sie sie nicht nur, sondern verbreiten Gerüchte über sie. Die Verbreitung der Unwahrheiten findet nicht nur auf dem Schulhof oder im Klassenraum, sondern auch über WhatsApp sowie die sozialen Netzwerke statt. Saskia leidet sehr darunter.

1. Beschreibe die Situation. Versetze Dich in die Perspektive von Saskia und gib einige Emotionen an, die Saskia wahrscheinlich empfindet.
2. Schildere Deine Erfahrungen, die Du in Deinem Umfeld gemacht hast.

Mobbing ist kein Randthema, sondern durchdringt sowohl den schulischen als auch den beruflichen Bereich.

Unter Mobbing versteht man eine konfliktbelastete Situation in der Schule oder am Arbeitsplatz unter Schülern, Kollegen oder zwischen Vorgesetzten und Untergebenen.

Die angegriffene Person ist wegen ungleicher Machtverhältnisse unterlegen und wird von einer oder mehreren anderen Personen systematisch und über einen längeren Zeitraum direkt oder indirekt angegriffen. Ziel ist, die bewusste Ausgrenzung der Person aus der jeweiligen Gruppe oder Gemeinschaft zu erreichen.

Mobbing findet an Orten, Räumen oder in Situationen statt, denen die beteiligten Personen nicht einfach, ‚entfliehen' können. Die Schule oder der Betrieb stellen solche sogenannten ‚Zwangsgemeinschaften' dar.

*Sowohl im Klassenraum ...*

*... als auch am Arbeitsplatz kann Mobbing entstehen.*



1. Definiere mit eigenen Worten „Mobbing" unter Berücksichtigung des Beispiels von Saskia.
2. Zeige den Unterschied zwischen Mobbing und Streit auf. Berücksichtige dabei fünf Faktoren, die im folgenden Text genannt werden.

**Mobbing kann sich unterschiedlich zeigen:**

**1. Bewusste Belastungen der Kommunikation:**

durch ständiges Unterbrechen, ständige Kritik am Verhalten, der Arbeit; Verunstaltung von Namen und Beleidigungen

**2. Ignorieren:**

entsprechende Person wie Luft behandeln, keine Zuteilung mehr von Arbeitsaufgaben oder nur sinnlose Tätigkeiten. Grüppchenbildung, jeweilige Person wird ausgeschlossen

**3. Angriff auf das soziale Ansehen:**

die Person in ‚Verruf' bringen, lästern, sich z. B. über Handlungen, Aussehen, Nationalität lustig machen

**4. Überschreiten der Intimsphäre:**

durch sexuelle Annäherungen – ob verbal oder körperlich –, Anzüglichkeiten

**5. Gefährdung der Gesundheit:**

Zwang zu gesundheitsschädlichen Arbeiten, Androhung oder Ausübung körperlicher Gewalt, sexuelle Übergriffe

*Wenn Arbeitskollegen lästern, dann wird das soziale Ansehen der anderen Person angegriffen.*

Eine spezielle Form des Mobbings bildet das Cybermobbing.

Saskias Beispiel zeigt, dass es nicht nur Mobbing auf dem Schulhof gibt, sondern auch im Internet. Dieser Kommunikationsraum ist schwer zu kontrollieren. Nachrichten werden innerhalb kürzester Zeit schnell an eine Vielzahl von Menschen verbreitet. Im Netz wird alles gespeichert. Deshalb sollte man auch vorsichtig sein, welche Nachrichten an welche Person(en) verschickt werden.

*„Das Netz vergisst nichts".*

1. Beschreibe Konsequenzen, die Mobbing im Netz haben kann.
2. Zeige den Unterschied zum Mobbing im Alltag auf.

## Mögliche Folgen für Mobbing-Opfer

- Selbstzweifel, Minderwertigkeitsgefühle
- Grübeln, kreisende Gedankenverläufe, die z. B. zu Konzentrationsstörungen, Niedergeschlagenheit, Aggressionen, Übersensibilität führen können
- Depressionssignale
- Alpträume, Schlaflosigkeit
- Körperliche Symptome wie Bauchschmerzen, Übelkeit, Appetitlosigkeit, Weinen
- Gefühle der Einsamkeit oder Hilflosigkeit entstehen, wodurch es oft auch zu Kontaktabbrüchen oder Kontaktarmut kommt, man schwänzt die Schule oder will nicht mehr arbeiten gehen, um den entsprechenden Personen aus dem Weg zu gehen

*Wenn Mobbing so stark wird, dass man nicht mehr weiter weiß ...*

Es gibt einen vorgegebenen Raum (entweder im Arbeitsbereich des Betriebs oder in der Klassengemeinschaft). Dieser Raum hat feste Regeln und Verhaltensweisen, innerhalb dessen Mobbing passiert. Es kommt dabei zu Konflikten, die bis zur Ausgrenzung oder Gewalthandlungen führen.

Von den einzelnen Personen werden bestimmte Rollen innerhalb der Mobbingsituation eingenommen.

- Täter (aktiv, initiieren Mobbing, stiften andere an, mitzumachen usw., meistens ein Einzelner oder eine kleinere Gruppe mit einem Anführer)
- Passive Unterstützer (schauen zu, lachen aus, feuern an, schicken Bilder weiter usw.)
- Bystander (stehen nur dabei, schauen zu, äußern sich nicht, greifen aber auch nicht ein)
- Unbeteiligte (kümmern sich auch nicht wirklich um das Mobbing-Geschehen, beobachten nicht, halten sich raus)
- Opfer (nicht aus einem bestimmten Grund, d. h. nicht unbedingt spezifische oder auffällige äußerliche oder charakterliche Eigenschaften; sie sind nicht selbst Schuld, können sich aber meist nicht wehren)
- Verteidiger (stellen sich den Opfern zur Seite, unterstützen gegenüber Tätern)

*(in Anlehnung an Themenblätter Mobbing von www.bpb.de)*

Spiele in der Klasse eine Mobbingsituation mit verteilten Rollen nach. Die Schüler, die keine Rollen bekommen, beobachten die Situation und geben später Rückmeldung – auch im Hinblick auf mögliche Handlungsmöglichkeiten.

## 3.2 Maßnahmen gegen Mobbing

Die bereits genannten unterschiedlichen Rollen der Personen sind in der Mobbingsituation zu betrachten. Dazu kommen andere Unbeteiligte aus Schule oder Betrieb, die in der Mobbingsituation wichtig werden. Im Sinne von **Zivilcourage** können sie einschreiten und helfen.

**Zivilcourage:**
Mutiges Verhalten von Bürgern, indem sie für jemand anderen in einer schwierigen oder sogar gefährlichen Situation eintreten. Ein Bürger kann so einem anderen Bürger bei Bedrohung oder Gewalt helfen, ohne Rücksicht auf eventuelle Folgen in der Öffentlichkeit, gegenüber Vorgesetzten oder sogar mit der Gefahr für das eigene Leben.



### Verhaltensmöglichkeiten der Opfer

- Eigene Position deutlich machen; klarmachen, dass das Verhalten des Mobbers nicht erwünscht ist
- Das Verhalten aufschreiben, was einem widerfährt
- Den oder die Mobber zur Rede stellen
- Sich Verbündete suchen (Bystander, Unbeteiligte usw.); sich mehr integrieren, wenn möglich
- Spannungen, die durch Mobbing hervorgerufen werden, durch Sport, Freizeitaktivitäten abbauen, einen Ausgleich schaffen
- Mit Familienangehörigen sprechen
- Mit einer Vertrauensperson entweder in der Schule oder im Betrieb sprechen (Klassensprecher, Vertrauenslehrer, Betriebsrat, usw.)
- Mit einem Entscheider sprechen (Klassenlehrer, Praktikumsbetreuer, Chef, usw.)

*„Wir können nicht allen helfen, aber jeder kann jemandem helfen"*

# 4 Sucht und Abhängigkeit

*Unter Sucht versteht man ein zwanghaftes, exzessives Verhalten. Durch Sucht entstehen Abhängigkeiten und das Verlangen, einen bestimmten Erlebniszustand (wieder)herzustellen und die Sucht kurzfristig zu befriedigen. Es gibt Süchte nach bestimmten Mitteln/Stoffen wie z. B. Drogen-/Alkoholsucht oder nach einem Verhalten wie Computer-, Handy-, Spiel-, Kauf-, Mager-, Sport- oder Arbeitssucht („Workaholic").*

*Automatisch verloren: Die Zahl der Spielsüchtigen steigt.*

## 4.1 Suchtursachen

Einerseits können körperliche (biologische bzw. genetische), andererseits aber auch soziale Faktoren Ursachen sein:

*Wenn Schönheitsideale krank machen ...*

- Es kann eine erbliche Vorbelastung vorliegen, denn Suchterkrankungen können häufiger innerhalb einer Familie auftreten.
- Der Vorbildcharakter spielt dabei auch mit. Wenn das persönliche Umfeld Suchtverhalten und Abhängigkeiten zeigt, dann können diese Verhaltensweisen von den Kindern z. B. übernommen werden.
- Für viele Menschen sind Drogen ein Ausweg aus Problemen oder Konflikten. So können schwierige Familiensituation, mangelnde Fürsorge oder sogar Gewalt und Missbrauch dazu führen, dass Menschen in eine Sucht flüchten. Sie wollen ihre Probleme und ihren als unerträglich empfundenen Zustand verdrängen.
- Das soziale Umfeld kann eine Sucht verstärken: In welcher Situation befindet sich ein Mensch, sind Personen in seiner Umgebung, die bereits Süchte entwickelt haben oder die Druck auf ihn ausüben (Gruppenzwang)?
- Die Medien spielen auch eine wichtige Rolle. Sie vermitteln beispielsweise ein bestimmtes Schönheitsideal, das u. a. eine Magersucht oder Sportsucht zur Folge haben kann.

Nenne Ursachen für Sucht.

## 4.2 Sucht als schleichender Prozess

**4. Zusammenbruch:**
Zunehmender psychischer und physischer ‚Verfall'. Ein Loskommen wird immer schwieriger; die Umwelt reagiert abwertend. Die Situation für den Süchtigen wird immer auswegloser.

**3. Abhängigkeit:**
Der Konsum ist nicht mehr zu kontrollieren. Physische und psychische Entzugserscheinungen treten beim Absetzen auf.

**2. Gewohnheit:**
Gewöhnung an das Suchtmittel/-verhalten. Das Verlangen steigt; man braucht das Suchtmittel immer mehr.

**1. Erste Berührungspunkte:**
Erster Kontakt mit dem Suchtmittel/-verhalten, dadurch positives Erleben/positive Gefühle werden verstärkt.

Lerngebiet 3

Michael ist 19 Jahre alt. Nachdem er seine Fachoberschule erfolgreich beendet hat, macht er seit 5 Monaten eine Ausbildung als KFZ-Mechaniker.

Mit 15 Jahren trank er das erste Mal Alkohol, seit seinem 17. Lebensjahr geht er regelmäßig weg und auf Partys.

Im Laufe der Zeit fällt es immer Michael immer schwerer „Nein“ zu sagen. Auch beim Fußballspielen gehört Alkohol dazu. Seine Freunde oder Fußballerkameraden drücken ihm entweder direkt ein Bier in die Hand oder reden solange auf ihn ein, bis er dann doch etwas trinkt. Gerade als er jünger war, probierte er aus, an seine Grenzen zu gehen. Er wollte auch zeigen, dass er nicht schlappmacht, sondern viel verträgt.

Seit mittlerweile einem halben Jahr trinkt, er während er alleine daheim ist, beim Fernsehen oder beim Zocken. Er wohnt bei seinen Eltern, versucht aber seinen Alkoholkonsum geheim zu halten. Außerdem schwänzt er regelmäßig die Berufsschule oder kommt zu spät, weil er verschlafen hat. Er geht noch gerne arbeiten, aber in seinem KFZ-Betrieb kann er sich nach einer längeren Zeit nicht mehr konzentrieren.

*Wenn aus Genuss Sucht wird ...*



Lerngebiet 3

Nenne Merkmale für Michaels Alkoholabhängigkeit.

Abbildung 30:

Beschäftigte nach Typen des Alkoholkonsums einschließlich Alkoholabhängigkeit gemäß AUDIT

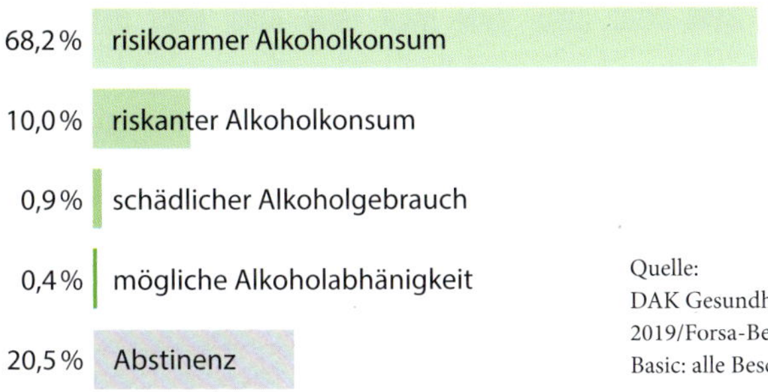


Quelle:
DAK Gesundheitsreport 2019/Forsa-Befragung:
Basic: alle Beschäftigte

Drogen- und Suchtbericht 2019

1. Beschreibe die Grafik.
2. Berechne, wie viele Menschen einen riskanten und wie viele einen schädlichen Alkoholkonsum aufzeigen. (Basis: Gesamtbevölkerungszahl)

## 4.3 Auswirkungen der Sucht

Es gibt Entzugserscheinungen, die zu erheblichen physischen und psychischen Problemen führen können. Es entstehen beispielsweise Depressionen, Halluzinationen und Persönlichkeitsveränderungen. Außerdem gibt es körperliche Folgen und Schädigungen (z. B. im Gehirn), die im schlimmsten Fall auch zu einem verfrühten Tod führen können. In Deutschland sterben allein an den Folgen einer Alkoholerkrankung über 40.000 Menschen jährlich und aufgrund der Abhängigkeit von ‚harten' Drogen (z. B. Heroin) um die 1.300 Menschen. Je länger eine Sucht dauert und unbehandelt bleibt, umso höher ist die Gefahr eines sozialen sowie beruflichen Abstiegs. Die Folgen können Konflikte in der Familie oder im Freundeskreis bis hin zur Isolation, Arbeitslosigkeit, Obdachlosigkeit sein.

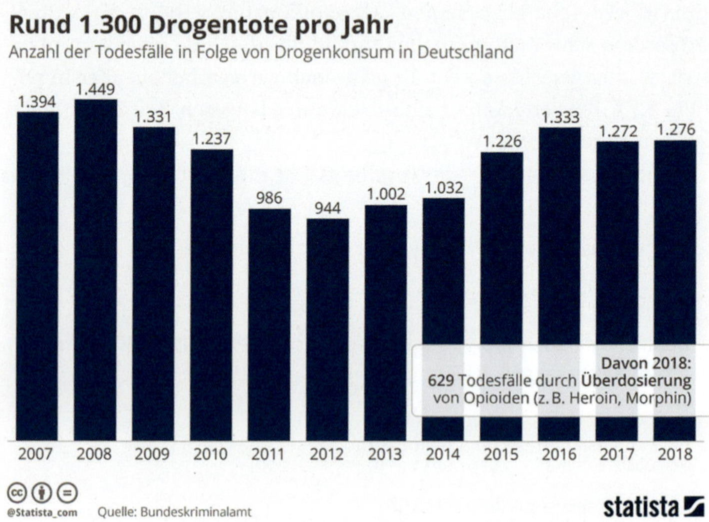


### Handlungsmöglichkeiten bei Sucht

Hilfreich ist es, eigenes oder fremdes Verhalten zu beobachten und aufzuschreiben. Dabei sind folgende Fragen zu berücksichtigen:

- Wann konsumiere ich oder andere das Suchtmittel? Wie oft?
- Gibt es typische Symptome bzw. Entzugserscheinungen?
- Informiere Dich über Experten in Deiner Umgebung: Wer kann helfen?
- Welche Beratungsstellen gibt es in der Nähe?

## Beratungsangebote im Saarland

- Beratungs- und Behandlungszentrum „Die Brigg“ – Psychosozialer Dienst, 66538 Neunkirchen, Hüttenbergstr. 42, Saarland
- Beratungsstelle „Knackpunkt“, 66606 St. Wendel, Alter Woog 1, Saarland
- Beratungszentrum Merzig, 66663 Merzig, Bahnhofstr. 47, Saarland
- Caritas-Zentrum Saarpfalz – Suchtberatung, 66424 Homburg, Schanzstr. 4, Saarland
- Caritasverband für die Region Saar-Hochwald e.V. – Psychosoziale Beratungsstelle, 66740 Saarlouis, Lisdorfer Str. 13, Saarland
- Gesundheitsamt Merzig, 66663 Merzig, Hochwaldstr. 44, Saarland
- Haus der AWO, Suchtberatung und -prävention, 66663 Merzig, Schankstr. 22, Saarland
- IANUA G.P.S. – Gesellschaft für Prävention und Sozialtherapie mbH, 66740 Saarlouis, Lisdorfer Str. 2, Saarland
- Landkreis Saarlouis – Gesundheitsamt, 66740 Saarlouis, Choisyring 5, Saarland
- Praesent – Fachstelle für Suchtvorbeugung und -beratung im Saarpfalz-Kreis, 66424 Homburg, Karlsbergstr. 6, Saarland
- Gesundheitsamt des Regionalverbandes, 66117 Saarbrücken, Stengelstr. 10–12
- LANDESFACHSTELLE GLÜCKSSPIELSUCHT c/o Caritas Saarbrücken, 66111 Saarbrücken Johannisstraße 2
- Landesinstitut für Präventives Handeln (LPH in St. Ingbert)

# Lerngebiet 4: Veranwortungsvoll mit Geld umgehen

1 Als Konsument mit Geld und modernen Zahlungsmitteln umgehen
2 Bedürfnis, Bedarf, Nachfrage, Güter
3 Konsumverhalten
4 Konsumentscheidungen treffen

# 1 Als Konsument mit Geld und modernen Zahlungsmitteln umgehen

*Als Verbraucher bezahlt man heutzutage nicht mehr nur mit Bargeld. Moderne Zahlungsmittel, wie z. B. die Girokarte und das eigene Smartphone, werden immer gebräuchlicher.*

*Die modernen Zahlungsmittel bringen Vorteile mit sich. Sie sind aber mit Bedacht und Vorsicht zu wählen: Es gibt auch Nachteile, die man oft nicht sofort erkennt.*

*Geld ist notwendig, um sich z. B. seine Wünsche zu erfüllen. Über seine Verhältnisse sollte man aber nicht leben. Es besteht dann die Gefahr, sich zu verschulden.*

„Ohne Moos nix los?"



## 1.1 Geld als Zahlungsmittel

Unsere Wirtschaft ähnelt einem Wochenmarkt, auf dem Verkäufer Waren wie Obst, Gemüse, Fisch, Kleidern anbieten. Die Käufer können sich diese **Waren** aussuchen und kaufen. Die Grundlage für den Verkauf bzw. Kauf bildet das Zahlungsmittel Geld. Geld ist ein Tauschmittel und bildet die Voraussetzung für das Funktionieren des Wirtschaftskreislaufes.

**Ware:**
Sie ist ein Produkt (auch Gut genannt), das auf dem Markt angeboten und nachgefragt wird.

In der Frühzeit tauschten die Menschen noch Ware gegen Ware, z. B. Felle oder Edelsteine gegen Muscheln oder Stoff. Man konnte aber nicht immer direkt einen geeigneten Tauschpartner finden.

So kann man auf die Idee, indirekt zu tauschen. Im 7. Jahrhundert v. Chr. tauschte man Münzen aus Kupfer, Silber oder Gold gegen andere Waren. So wurde das Münzgeld ein gängiges Zahlungsmittel.

Um den Transport der schweren Münzen zu erleichtern, erfand man im 13. Jahrhundert das Papiergeld.

Im 17. Jahrhundert kam es dann zum **Buchgeld**. Ohne konkret Geld gegen Ware getauscht zu haben, wurde bei den Banken Geld ab- oder zugeschrieben.

**Buchgeld:**
Ein Geldbetrag wird in den Kontobüchern der Banken verzeichnet (gebucht).

| Münzen | Papiergeld/Banknoten | Buchgeld |
|---|---|---|
| ▪ Kurantmünze: Geldwert entspricht Wert der Münze<br>▪ Scheidemünze: Wert der Münze geringer als der eingeprägte Wert<br>Die Scheidemünze ist heute die gängige Form des Münzgeldes. | ▪ stoffwertloses Geld<br>▪ der Wert des Papieres ist niedrig<br>▪ Die Deutsche Bundesbank hat alleiniges Recht, Banknoten zu drucken | ▪ auch Giralgeld genannt, nur in (Konto)Büchern eingetragen<br>▪ Guthaben auf dem Girokonto bei einer Bank<br>▪ über verschiedene Zahlungsinstrumente wie Girokarte, Lastschrift, Überweisung kann man über dieses Geld verfügen |

Geld übt wichtige Funktionen in der Wirtschaft aus:

- Tausch- und Zahlungsmittel,
- Wertaufbewahrungsmittel,
- Recheneinheit.

> Nenne drei verschiedene Waren aus Deinem alltäglichen Gebrauch. Begründe, ob Du diese eher mit Münzen, Papiergeld oder Buchgeld bezahlen würdest.

Immer weniger Menschen zahlen bar – also mit Münzen oder Scheinen – sondern meist mit ihrer Girokarte. Damit ist das Bezahlen noch einfacher. Auch kleine Beträge können mit der Karte beglichen werden. Das Geld wird zeitlich etwas später automatisch vom Konto abgebucht.

Bevor ein Kunde eine Girokarte für ein Girokonto bekommt, muss er zuerst ein solches Konto eröffnen. Das Mindestalter für ein Girokonto ist von Bank zu Bank verschieden. Bestimmte Vorgaben gibt es aber:



Wenn man unter 18 Jahren ist, bekommt man

- keinen Kredit,
- keinen **Dispositionskredit** und
- keine Kreditkarte.

**Dispositionskredit:**
Das ist die begrenzte Überziehungsmöglichkeit auf einem Girokonto.

Mit Personalausweis oder Reisepass kann man den Antrag und die allgemeinen Geschäftsbedingungen zur Eröffnung des Girokontos unterschreiben (wenn man unter 18 Jahren ist, müssen die Eltern einwilligen).

Ein Girokonto ist meist für Jugendliche kostenlos. Die genauen Preis- und Leistungsverzeichnisse sind bei der jeweiligen Bank zu beachten.

## Das Girokonto:

*Die Übersicht über die Kontoauszüge ist wichtig – ob online oder abgeheftet.*

Fast jeder erwachsene Bürger führt in Deutschland mindestens ein Girokonto.

Sowohl Einkünfte als auch Ausgaben werden darauf verbucht. Drei Zahlungsverfahren können wir dabei unterscheiden:

### 1. Überweisung:

Geld wird vom Girokonto über einen Überweisungsträger in Papierform oder online auf ein anderes Bankkonto übermittelt.

### 2. Dauerauftrag:

Regelmäßige Überweisung des gleichen Betrages zu einem gleichen Zeitpunkt, die immer wieder der Bank ausgeführt wird. Sie kann nur vom Kontobesitzer widerrufen oder geändert werden.

### 3. Lastschrift:

Der Kontoinhaber erklärt sich über seine Unterschrift bereit, dass ein Dritter (z. B. Telefonanbieter, Stromversorger, Versicherung) Geld von seinem Konto abbuchen darf.

**Moderne Zahlungsmittel** sind Online-Bankverfahren wie z. B. Klarna, Giropay oder Paypal. Es gibt mittlerweile auch die Möglichkeit des kontaktlosen Bezahlens mit der Girokarte, bei der nur ein Auflegen der Karte den Zahlvorgang in Gang setzt (ab 25 Euro benötigt man noch den Pin oder die Unterschrift).

*Kontaktloses Bezahlen mit der Karte wird immer beliebter.*

**Tipps:**

- Sichere und wechselnde Passwörter für das Online-Banking nutzen
- Karte, wenn sie zu kontaktlosem Bezahlen geeignet ist, vor Datenklau schützen

**Bitte beachte:**

- Der Kontoauszug ist wichtig, um den Überblick über Ein- und Ausgaben zu haben.
- Man kann ihn an einem Automaten in der Bank ausdrucken oder bei Online-Banking online abrufen, speichern und gegebenenfalls ausdrucken.
- Auf dem Kontoauszug sieht man, ob die Vorgänge korrekt sind, z. B. als Nachweis für gezahlte Rechnungen oder ob es **unbefugte Abbuchungen** gibt.

**Unbefugte Abbuchungen:**
Das sind unrechtmäßige Abbuchungen, die ohne Einverständnis des Kontoinhabers erfolgen. Man muss dann direkt die Bank informieren.



1. Richtig oder falsch?
   a) Es gibt kein gesetzliches Mindestalter, um ein Girokonto zu eröffnen.
   b) Die Einwilligung der Eltern ist bei Minderjährigen zur Kontoeröffnung notwendig.
2. Nenne die Vor- und die Nachteile des Bezahlens mit der Girokarte.

Bevor man aber ein Girokonto eröffnen kann, muss man die passende Bank finden, bei der man das Konto eröffnet. Es gibt bestimmte Faktoren, die bei der Wahl meines Geldinstituts bzw. einer Bank wichtig sind.

1. Nenne Faktoren, die für die Wahl eines Geldinstituts, um ein Girokonto zu eröffnen, beachtet werden sollten.
2. Recherchiere im Internet die Kontoführungsgebühren bei drei Geldinstituten.

## 1.2 Ein- und Ausgaben

Christian kann es nicht glauben. Ihm fehlen noch 40 Euro zu seiner neuen Spielkonsole und einem Spiel. Alles in allem kostet der Spaß 200 Euro und Christian wartet schon seit Wochen darauf, endlich das neue Spiel, das fast alle Klassenkameraden haben, selbst auf der eigenen neuen Spielkonsole spielen zu können.

Christian fragt sich, wie er schnell an das Geld kommt oder ob er andere Möglichkeiten hat, sich seinen Wunsch zu erfüllen. Er bespricht das Ganze mit seiner älteren Schwester Lisa, die bereits arbeitet und eine eigene Wohnung hat. Lisa schlägt ihm vor, dass er sich ja eine gebrauchte Konsole kaufen könnte, dann hätte er das Geld für das neue Spiel auf jeden Fall und müsste nicht noch auf die 40 Euro „warten“, die ihm fehlen.

Nenne weitere Möglichkeiten, die Christian hat, um sein Problem zu lösen.



### Geld im Griff?

Christians Beispiel zeigt: Ich kann mir nur etwas leisten, wenn ich auch das entsprechende Geld dazu habe. Hierbei ist es wichtig, den Überblick zu behalten und nicht über seine Verhältnisse zu leben.

Taschengeld, Ferienjob oder Ausbildungsvergütung sind mögliche Finanzquellen. Wenn das Geld dann ausgegeben ist, ist es eben weg und man geht einmal weniger ins Kino. Ein Problem wird es, wenn man einen eigenen Haushalt zu bestreiten hat. Dort fallen fixe Kosten (z. B. Lebensmittel, Strom, Internet/Telefon, Versicherungen, Auto, Miete) an, die man begleichen muss.

Zeichne eine Tabelle in Dein Heft und notiere darin Deine Einnahmen und Ausgaben. Du kannst dabei folgende Vorlage übernehmen.

| Feste Einnahmen + | Veränderliche Einnahmen | Feste Ausgaben – | Veränderliche Ausgaben |
|---|---|---|---|
| ... 75 | ... 250 | ... 5 | ... |
| ... | ... | ... | ... |
| Summe: | | Summe: | |

# 2 Bedürfnis, Bedarf, Nachfrage, Güter

*So wie Christian sich die Spielkonsole gewünscht hat, hat jeder Mensch Wünsche; dabei sind nicht alle Wünsche zu erfüllen.*

*Diese Wünsche nennt man auch* ***Bedürfnisse****. Sie geben einen Mangel an, den wir durch Kauf von Gütern oder Dienstleistungen beseitigen wollen.*

*Bedürfnisse kann man dabei folgendermaßen aufteilen:*

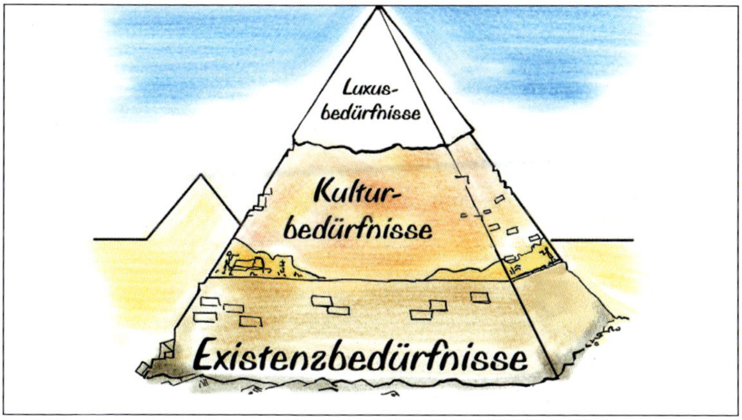


© Dave Vaughan

*Bedürfnispyramide*

## 2.1 Bedürfnisarten

Die Bedürfnisarten sind folgendermaßen unterteilt:

### Existenzbedürfnisse

Das sind die Grundbedürfnisse des Menschen und seiner Existenz (z. B. Nahrung, Kleidung).

© Pixel-Shot – stock.adobe.com

*Existenz- oder Luxusbedürfnis ...?*

### Kulturbedürfnisse

Diese sind nicht lebensnotwendig, aber gehören zum Leben in einer Kultur dazu. Das heißt, die Bedürfnisse sind von Regionen und ihren jeweiligen Kulturen abhängig und unterscheiden sich gegebenenfalls (z. B. Bildung, Kunst, Auto).

### Luxusbedürfnisse

Das sind Bedürfnisse, die nicht von jedem Menschen befriedigt werden können. Es sind sehr subjektive und individuelle Entscheidungen, was als Luxus gilt (z. B. Privatjet, Yacht). Einige der heutigen Kulturbedürfnisse zählten Jahre zuvor zu den Luxusbedürfnissen (z. B. Computer, Auto).

Lerngebiet 4

1. Es gibt bestimmte Bedürfnisse, die je nach Gut ein Existenz- oder ein Luxusbedürfnis, ein Kultur- oder ein Luxusbedürfnis sein können. Finde jeweils mindestens ein Beispiel dazu.
2. Ordne Existenz-, Kultur- und Luxusbedürfnisse Deinen oben angegebenen Ein- und Ausgaben zu.

## 2.2 Bedarf

So wie Christian das Luxusbedürfnis nach der Spielkonsole hatte, gibt es viele Bedürfnisse, die wir mit finanziellen Mitteln befriedigen können; dies nennt man Bedarf. Ein Bedürfnis wird zum Bedarf, wenn man bereit ist, für das Bedürfnis (nach Essen, Computer spielen usw.) auch Geld auszugeben.

## 2.3 Nachfrage



**Markt:**
Ort, an dem Angebot und Nachfrage aufeinandertreffen

Sobald eine tatsächliche Kaufabsicht entsteht, spricht man von einer Nachfrage. Wenn Christian sich die günstigere Konsole und das Spiel kauft, dann fragt er diese Güter auf dem **Markt** nach (hier das Geschäft für Elektronikartikel). Als Nachfrage bezeichnet man die Anzahl der Güter und Dienstleistungen, die Personen oder Firmen durch Kauf erwerben. Die Güter und Dienstleistungen haben einen Gegenwert, die der Verbraucher durch das Zahlen mit Geld begleicht und damit erwirbt. Dies nennt man Kaufkraft. Steigen z. B. die Preise von Gütern, dann bekommt der Verbraucher weniger für sein Geld, d. h. er muss mehr dafür zahlen.

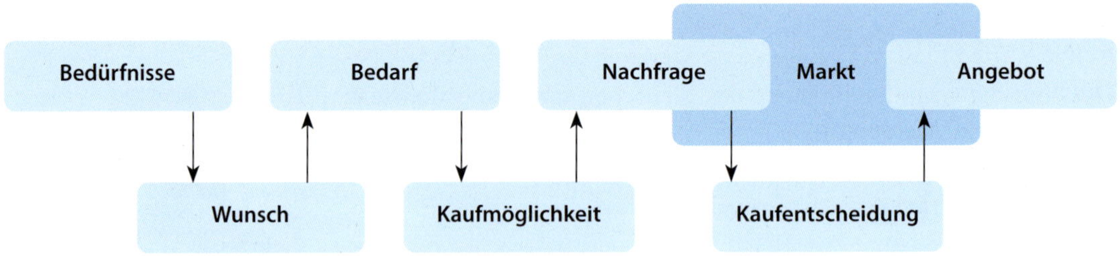


Beschreibe das Schaubild.

## 2.4 Güter

Güter sind Mittel zur Befriedigung von Bedürfnissen.

### Freie Güter

Diese sind im Überfluss vorhanden und kostenlos.

## Wirtschaftliche Güter

Güter sind nur begrenzt verfügbar und man muss für sie bezahlen.

## Sachgüter

Dies sind Güter, die ge- oder verbraucht werden. Darunter fallen:

- Produktionsgüter (braucht man zur Herstellung von anderen Gütern),
- Konsumgüter (für den privaten Konsum und zur direkten Bedürfnisbefriedigung),
- Verbrauchsgüter (werden einmalig benutzt) und
- Gebrauchsgüter (zum mehrfachen Gebrauch, sind langlebig).

> Ein Auto kann ein Konsumgut und ein Produktionsgut sein. Nenne die Gründe.



## Dienstleistung

Als Dienstleistung bezeichnet man eine Aktivität oder Leistung, die materiellen und immateriellen Ergebnisse haben kann. Bei Friseurbesuch bezahle ich für den Haarschnitt und die neue Farbe (materiell) und bezahle auch das Waschen, Schneiden, Föhnen (immateriell). Auch zu den Dienstleistungen gehören: Versicherungen, Handel, Banken usw.

*Typische Dienstleistung*

## Rechte

Außerdem gibt es geistige Leistungen, Ideen, die über **Rechte** geschützt werden müssen. Diese können auch ge- und verkauft werden. Beispiele sind: Lizenzrechte, Urheberrechte, Patente.

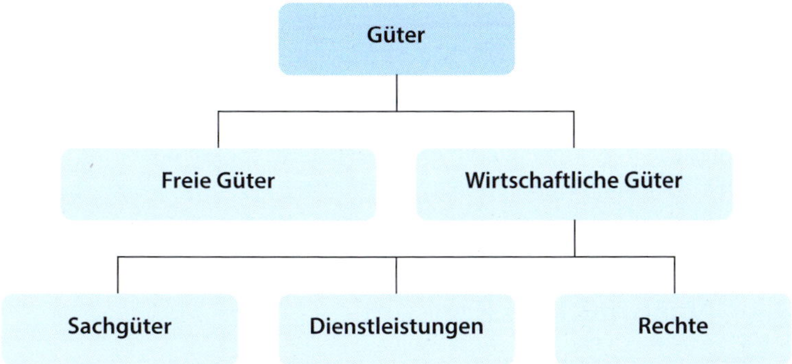


> Erkläre die dargestellten Zusammenhänge der Güterarten.

# 3 Konsumverhalten

*Konsumverhalten ist nicht losgelöst zu betrachten, sondern die Menschen sind als Verbraucher Teil der Wirtschaft.*

*Bei großer Nachfrage nach einem Produkt steigen die Preise. Das ist auch der Fall, wenn die Menge der Produkte begrenzt ist.*

*Ist das Angebot an Produkten größer, dann sinken die Preise. Das liegt daran, dass die Firmen im Konkurrenzkampf die Preise senken. Sie wollen dadurch mehr Kunden gewinnen.*

Auf welche Produkte die Verbraucher zugreifen können, wird beeinflusst durch:

- zum einen von dem vorhandenen Angebot und
- zum anderen vom Verhalten der Verbraucher. Wenn die Nachfrage nach einem Produkt hoch ist, wird mehr davon produziert. Die Produzenten erwarten dabei einen hohen Gewinn.

*Werbung ist ein guter Kaufanreiz.*

Die Unternehmen versuchen auch, Produkte nach unseren möglichen Bedürfnissen zu produzieren. Bieten sie Produkte an, die nichts mit den Bedürfnissen der Konsumenten zu tun haben, haben sie weniger Absatzchancen.

Die Unternehmen versuchen aber ebenso, mit neuen Produkten Interesse zu wecken (z. B. Smartphones, Tablets, PC usw.).

Um Produkte anzupreisen und zu präsentieren, schalten Unternehmen Werbung. Ob auf Plakaten, in der Zeitung, im Radio, Fernsehen oder dem Internet; überall werden wir mit Werbung konfrontiert. Bewusst oder unbewusst werden wir dadurch beeinflusst.

1. Nenne Möglichkeiten der Unternehmen, an den Verbraucher heranzutreten und ihn zu überzeugen.
2. Überlege Dir Aspekte, die bei Deiner Kaufentscheidung eine Rolle spielen.
3. Beurteile Dich auf einer Skala von 1–10. Bist Du leicht zu beeinflussen? Was sagen Deine Freunde/Banknachbarn dazu? Sie sollen Dich auch einschätzen.

## 3.1 Nachhaltiger Konsum

Es gibt viele Güter, die relativ günstig zu erwerben sind.

Kaum ein Produkt ist für uns unzugänglich. Dies fängt bei Erdbeeren oder exotischen Früchten im Winter an. Mit dem ganz aktuellen

Smartphone bis zu Kleidern, die wir für wenig Geld kaufen können, geht es weiter.

Viele dieser Produkte haben gemeinsam, dass sie nicht in Deutschland hergestellt werden. Bis zu uns haben sie oft tausende Kilometer Transportweg hinter sich. Hergestellt werden sie von Arbeitern in anderen Ländern, häufig unter schwierigen Bedingungen und zu schlechter Bezahlung.

## Der Weg einer Jeans

Eine Jeans, die wir im Laden in der Stadt kaufen, hat meistens einen langen Weg hinter sich: Es werden tausende Kilometer zurückgelegt, die einzelnen Produktionsschritte sind in verschiedenen Ländern und es werden bis zu 7.000/8.000 Liter Wasser für eine einzige Jeans verbraucht.

*Jeans ist nicht gleich Jeans*

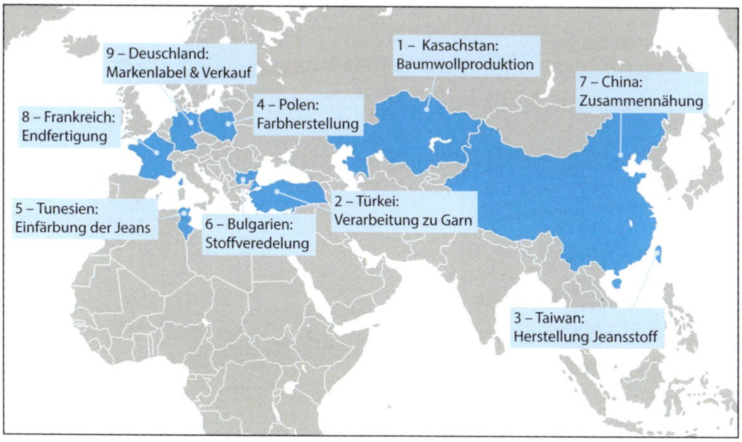


Beschreibe den Weg der Jeans anhand der nachfolgenden Grafik.

Die Aufteilung der Kosten einer Jeans, die bei uns für 50 Euro verkauft wird, sind wie folgt:

- 1 % (50 Cent) für die Arbeiter/in
- 50 % für den Einzelhandel (Verwaltung, Mehrwertsteuer)
- 25 % für den Markennamen (Verwaltung und Werbung)
- 13 % für Material und Gewinn der Fabrik im Billiglohnland
- 11 % für Transport, Steuern, Import

*(Quelle: www.fairtrade-leipzig.de/preise-und-kosten, Zugriff: 30.01.2020)*

Der Weg der Jeans und die Art der Produktion zeigen, wie unser heutiger Konsum funktioniert. Wir sind als Endverbraucher bei vielen Produkten Teil einer riesigen globalen Handelskette.

Lerngebiet 4

*Gerhard Mester https://www.politische-bildung.de/nachhaltigkeit.html, pdf*

Beschreibe und interpretiere die Karikatur.

## 3.2 Das Konzept der Nachhaltigkeit

Der Begriff „Nachhaltigkeit“ geht auf die Forstwirtschaft Anfang des 18. Jahrhunderts zurück und bedeutet, dass man nur Holz fällen sollte, was auch nachwächst.

Diese Idee überträgt man auf alle für den Menschen und die Natur wichtigen Bereiche.

Es gibt keine genaue Definition von Nachhaltigkeit. Man kann aber den Begriff eingrenzen:

Nachhaltigkeit ist ein stetiger Prozess, deshalb spricht man auch von nachhaltiger Entwicklung. Ziel dabei ist, dass man die Bedürfnisse der heutigen Generation decken kann, dabei aber nicht die natürlichen Grundlagen und den Lebensraum zukünftiger Generationen gefährdet. Es geht um den Schutz der Erde, der Natur und all ihrer Lebewesen.

# 4 Konsumentscheidungen treffen

*Man kann normalerweise nur so viel Geld ausgeben, wie man zur Verfügung hat. Wenn dies für bestimmte Anschaffungen nicht ausreicht, kann man das entsprechende Produkt nicht kaufen oder man muss einen Kredit aufnehmen.*

## 4.1 Verschuldung Jugendlicher

Handyvertrag, Fernseher, Kleidung, Bestellungen im Internet können dazu führen, dass junge Menschen zu viele Kosten haben. Gerade bei jungen Menschen ab 18 Jahren können Kredite oder Ratenzahlungen in die Schuldenfalle führen. Durch den erleichterten Einkauf im Internet sowie durch den Einsatz von Giro- oder Kreditkarten, kann sich dies verschärfen. Man läuft Gefahr zu viel Geld auszugeben – ohne es zu merken. Dadurch verliert man den Überblick und überzieht leicht sein Konto.

Bei zu vielen Ausgaben fallen z. B. hohe Gebühren für das Überziehen des Kontos an. Irgendwann verliert man den Überblick über seine laufenden Kosten und „Schulden". Dann spricht man von Überschuldung.

Überschuldete Menschen sind nicht mehr in der Lage, ihre gesamten Kosten zu decken und abzubezahlen.

Das Thema der Überschuldung betrifft durchaus Jugendliche und junge Erwachsene in unserer heutigen Gesellschaft.

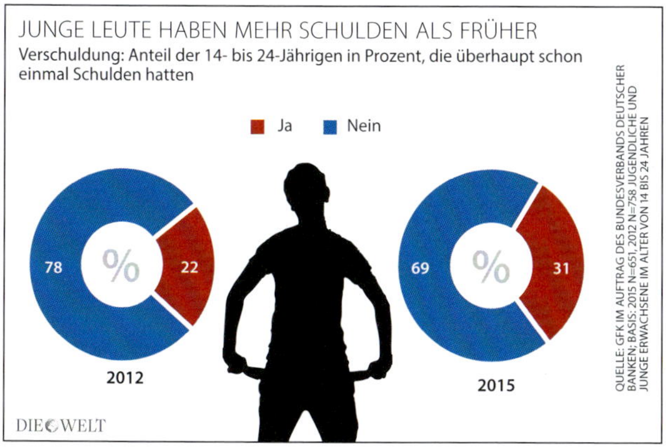


*https://www.welt.de/finanzen/verbraucher/article144339461/Fuer-diese-Dinge-verschulden-sich-Jugendliche.html*

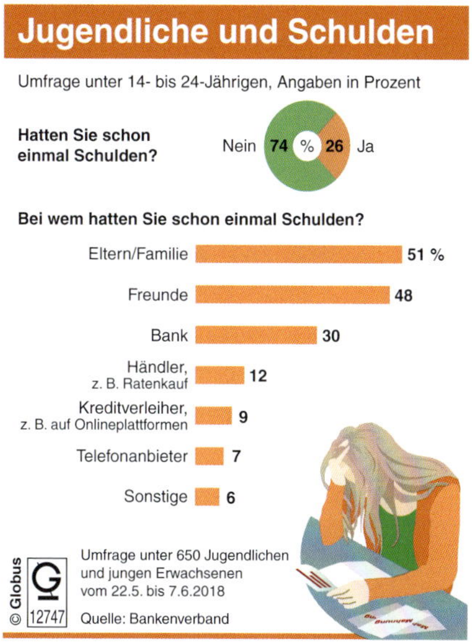


1. Beschreibe die beiden Grafiken.
2. Finde Gründe dafür, dass gerade Jugendliche Schulden machen und teilweise sogar schon überschuldet sind.

Bei Schulden spielt oft auch der Nachahmungseffekt eine große Rolle. Jugendliche sehen sich dann einer Art Gruppenzwang ausgesetzt und konsumieren mehr, als sie eigentlich bezahlen können.

Viele Minderjährige bemerken nicht, dass sie schon Schulden machen. Meist leihen sie sich Geld bei ihren Eltern, Geschwistern oder Freunden, das sie vor allem für Fastfood, Ausgehen oder für Kleidung ausgeben.

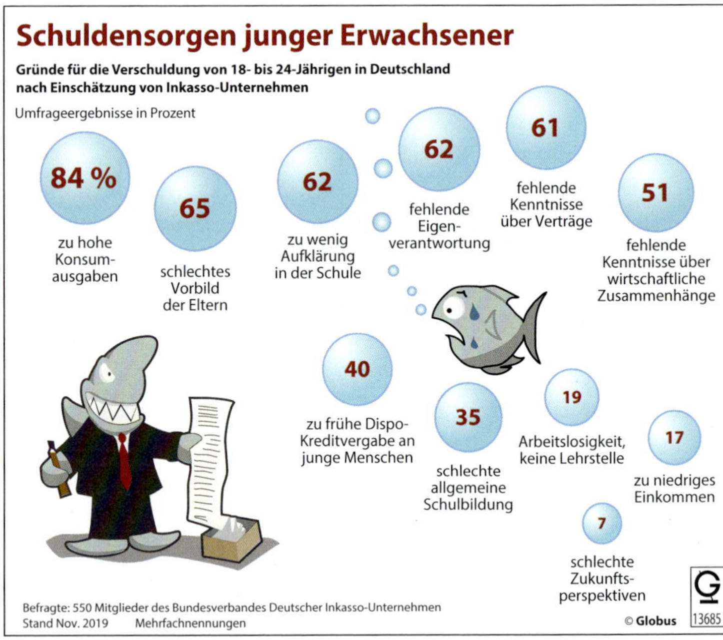


Damit man nicht in die Schuldenfalle gerät, sollte man seine Finanzen im Blick haben.

Untersuche folgende Fallbeispiele und erstelle Ein- und Ausgabenpläne.

Überlege Dir Vorschläge, um zu viele Ausgaben zu vermeiden.

Fallbeispiel 1: Helena trägt Zeitungen aus und hat in der Woche 20 Euro zur Verfügung. Sie bekommt außerdem noch 30 Euro Taschengeld im Monat. Sie hat einen Handyvertrag mit Smartphone für 45 Euro im Monat. Sie gibt während der Woche im Schulkiosk ca. 15 Euro aus. Für Kinobesuche und zum Ausgehen gibt sie monatlich 30 Euro aus.

Fallbeispiel 2: Emanuel hat im Monat ein Taschengeld von 50 Euro und bekommt für seinen Nebenjob monatlich 60 Euro. Seine Ausgaben: 15 Euro für das Fitnessstudio, 20 Euro für den Handyvertrag und für Kleidung. Für andere Freizeitaktivitäten gibt er ca. 55 Euro im Monat aus.

### Nachhaltiger Konsum als Mittel gegen Verschuldung

Man kann sich zum Beispiel fragen, ob man sich eine billige Jeans kauft, die aber vielleicht relativ schnell wieder kaputt ist. Anstatt dies zu tun, kann man auf eine hochwertige, nachhaltig produzierte Jeans sparen, bei der man aber weiß, dass man sie lange tragen kann.

## 4.2 Worauf man beim Umgang mit Geld achten sollte

Um die Gefahr einer Überschuldung zu vermeiden, sollte man Folgendes beachten:

- Nur Geld ausgeben, das man zur Verfügung hat (durch Taschengeld, Lohn für einen Ferienjob, Sparschwein)
- Vermeidung von zu vielen Verträgen, kostenpflichtigen Apps (Was brauche ich wirklich?)
- Verlockungen durch versteckte Angebote bei Schlussverkaufsangeboten, Last-Minute erkennen
- Geld nur in Notfällen leihen
- Ratenkauf, Leasingverträge nur wenn notwendig und in einem bestimmten Rahmen
- Auf seriöse Anbieter gerade im Internet achten (Verbraucherzentrale kann helfen)

© dpa

*Übersicht schafft Klarheit*

Da meist die Eltern für die Schulden ihrer minderjährigen Kinder aufkommen müssen, fehlt die persönliche Betroffenheit der minderjährigen Schuldner. Bei den über 18-jährigen Schuldnern beginnt dann oft mit dem ersten selbstverdienten Geld die Lohnpfändung. Ein **Schufa**-Eintrag kann die Folge sein. Bevor eine Bank Kredit gewährt, wird die entsprechende Person auf ihre Kreditwürdigkeit geprüft. Die Schufa bietet Schutz für Banken, Firmen usw., damit sie kein Geld an nicht kreditwürdige Personen verleihen.

**Schufa:**
Dies ist die „Schutzgemeinschaft für allgemeine Kreditsicherung".

Man kann sich bei der Schufa über eigene Einträge einmal im Jahr kostenlos informieren.

Schuldnerberatungsstellen stehen bei Überschuldungsproblemen von Familien oder Einzelpersonen für Beratungen und Hilfestellungen kostenlos zur Verfügung. Im Saarland bieten auch die Arbeiterwohlfahrt, die Caritas und das Deutsches Rotes Kreuz Schuldnerberatung an.

*www.schuldnerberatung-saar.de*

# Lerngebiet 5: Als Verbraucher angemessen handeln

# 1 Rechts- und Geschäftsfähigkeit

*Kinder und Jugendliche können nicht wie Erwachsene für ihre Handlungen zur Verantwortung gezogen werden. Unsere Rechtsordnung überträgt jungen Menschen in abgestufter Weise Rechte, Pflichten und Verantwortung.*

**Rechte:**
z. B. Eigentumsrecht, Erbrecht

**Pflichten:**
z. B. Steuerpflicht, Schulpflicht

**Natürliche Personen:**
Alle Menschen sind natürliche Personen.

**Juristische Personen:**
Firmen oder Vereine z. B. Saarstahl AG, Fensterbau Müller GmbH, 1. FC Saarbrücken, Stadt Homburg

**Handelsregister:**
Öffentliches Verzeichnis aller angemeldeten Firmen

## 1.1 Rechtsfähigkeit

Rechtsfähigkeit bedeutet **Rechte** und **Pflichten** zu haben. Die Rechtsfähigkeit beginnt bei **natürlichen Personen** mit der Geburt und endet mit dem Tod. Bei Firmen, Vereinen und Behörden spricht man von **juristischen Personen**. Ihre Rechtfähigkeit beginnt z. B. mit dem Eintrag ins **Handelsregister** und endet mit dessen Auslöschung.

**§ 1 BGB**
Die Rechtsfähigkeit des Menschen beginnt mit der Vollendung der Geburt.

*Europa-WSK AG*
*Musterallee 2*
*66123 Saarbrücken*
*0681 0555-555*
*eurowsk@mustermail.de*

Maja Zimmermann
Franzlstraße 323
66111 Saarbrücken

Sehr geehrte Frau Zimmermann,
wir möchten Ihnen mitteilen, dass wir Ihr Schreiben dankend erhalten haben. Wie bereits

1. Nenne die juristische Person und die natürliche Person in diesem Briefkopf.
2. Nenne zwei Rechte, die ein Mensch bereits ab der Geburt hat und zwei Rechte, die man erst später im Leben erlangt.

## 1.2 Geschäftsfähigkeit

Fall: Max (15 Jahre) kauft ohne Wissen seiner Eltern von seinen Ersparnissen einen DVD-Player für 150 Euro. Seine Schwester (6 Jahre alt) ist beim Kauf dabei. Sie kauft sich selbst eine Märchen-CD für 5 Euro. Als die Mutter davon erfährt, ist sie entsetzt und bringt die gekauften Sachen zum Händler zurück. Der Händler weigert sich, die Sachen zurückzunehmen.

Prüfe die Rechtslage anhand des folgenden Gesetzesauszugs.

**nichtig:**
von Anfang an ungültig

**Willenserklärung:**
Sie entsteht aus dem eindeutigen Willen und der eindeutigen Erklärung, ein Geschäft abschließen zu wollen. Sie kann mündlich, schriftlich oder durch eine schlüssige Handlung (z. B. am Getränkeautomat) erfolgen.

**Rechtlicher Vorteil:**
Man hat keinerlei weitere Verpflichtungen. Zum Beispiel fallen bei Annahme eines geschenkten Haustiers weitere Kosten an.

**Gesetzlicher Vertreter:**
Damit sind die Sorgeberechtigten gemeint, z. B. die Eltern.



**§ 104 Bürgerliches Gesetzbuch (BGB)**

Geschäftsunfähig ist:
1. Wer nicht das siebente Lebensjahr vollendet hat ...

**§ 105 BGB**

(1) Die **Willenserklärung** eines Geschäftsunfähigen ist **nichtig**.

**§ 106 BGB**

Ein Minderjähriger, der das siebente Lebensjahr vollendet hat, ist (...) in der Geschäftsfähigkeit beschränkt.

**§ 107 BGB**

Der Minderjährige bedarf zu einer Willenserklärung, durch die er nicht lediglich einen **rechtlichen Vorteil** erlangt, der Einwilligung seines **gesetzlichen Vertreters**.

**§ 108 BGB**

Schließt der Minderjährige einen Vertrag ohne die erforderliche Einwilligung des gesetzlichen Vertreters, so hängt die Wirksamkeit des Vertrags von der Genehmigung des Vertreters ab.

**Rechtsgeschäfte:**
Dies sind alle Handlungen, mit denen eine rechtliche Wirkung erzielt wird (z. B. Abschluss eines Kaufvertrags, Schenkung, Mietvertrag, Annahme einer Dienstleistung). Für Rechtsgeschäfte ist eine oder sind mehrere Willenserklärungen notwendig. Für die Rechtswirksamkeit z. B. eines Vertrages sind zwei übereinstimmende Willenserklärungen erforderlich. Diese können entweder ausdrücklich (schriftlich oder mündlich) oder durch schlüssiges Handeln (z. B. Einsteigen in einen Bus) erfolgen.

Jugendliche wollen allein entscheiden, was sie sich kaufen und wie sie ihr Geld ausgeben. Das bedeutet aber noch nicht, dass sie über ihr Geld uneingeschränkt verfügen können. Ein Fünfjähriger kann als rechtsfähige Person Eigentümer eines Vermögens sein. Ob er allerdings darüber rechtswirksam verfügen kann, muss im Rahmen seiner Geschäftsfähigkeit beurteilt werden.

## Begriff der Geschäftsfähigkeit

Geschäftsfähig ist eine Person, die ohne fremde Hilfe **Rechtsgeschäfte** wirksam vornehmen kann.

### Geschäftsunfähigkeit

Nicht geschäftsfähig sind Kinder, die das siebente Lebensjahr noch nicht vollendet haben. Sie können selbst keine wirksamen Rechtsgeschäfte vornehmen. Für sie handeln ihre Eltern.

### Beschränkte Geschäftsfähigkeit

Die beschränkte Geschäftsfähigkeit beginnt mit vollendetem siebenten Lebensjahr. Beschränkt geschäftsfähige Personen können nur im Rahmen der ihnen zur freien Verfügung überlassenen Mittel (z. B. Taschengeld) Geschäfte tätigen.

> Beispiel: Die 11-jährige Manuela kauft sich mit ihrem Taschengeld drei Dosen Cola und fünf Tüten Chips. Manuela muss nicht die Zustimmung ihrer Eltern einholen, da sie alles mit ihrem Taschengeld bezahlt hat.
>
> (Bürgerliches Gesetzbuch § 110)

Wenn der beschränkt Geschäftsfähige z. B. Geld geschenkt bekommt, braucht er die Eltern normalerweise nicht zu fragen. Bei allen anderen Geschäften müssen die Eltern zustimmen. Solange die Eltern sich zum Vertrag nicht äußern, ist er „schwebend unwirksam“, das heißt noch nicht wirksam. Erst wenn die Eltern zustimmen, ist der Vertrag wirksam. Lehnen sie ab, kommt er nicht zustande. Der beschränkt Geschäftsfähige muss dann nichts zahlen. Er genießt bei solchen Verträgen einen besonderen Schutz.

### Volle Geschäftsfähigkeit

Nach vollendetem 18. Lebensjahr ist man geschäftsfähig und kann voll wirksame Verträge ohne Genehmigung abschließen.

### Zusammenfassung

Bestimmte Rechte und Pflichten erwirbt man erst mit dem Erreichen bestimmter Altersstufen.

Die Rechtsfähigkeit ist die Fähigkeit, Träger von Rechten und Pflichten zu sein.

Die Geschäftsfähigkeit steigert sich stufenweise in Abhängigkeit vom Alter.

Mit Erreichen des 18. Lebensjahres wird die volle Geschäftsfähigkeit erlangt.

### Wissens-Check

1. Analysiere mit Hilfe der Gesetzesauszüge auf den vorigen Seiten die nachfolgenden Fälle:
   a) Martina (6 Jahre) ist auf „Shopping-Tour" im Laden neben dem elterlichen Haus. An einer besonders niedlichen Stoffpuppe kommt sie nicht vorbei und ersteht sie zu einem Sonderpreis von 13,50 Euro. Ihre Mutter ist nicht begeistert und verlangt von der Verkäuferin, die Stoffpuppe zurückzunehmen. Diese ist froh, den Ladenhüter endlich verkauft zu haben und will die Puppe nicht zurückhaben. Wer ist im Recht?
   b) Der fünf Jahre alte Thomas erbt von seiner Großmutter 5.000 Euro. Wird Thomas Eigentümer des Geldes?
   c) Monika (17 Jahre) erhält zum Weihnachtsfest von ihrer Tante eine Katze geschenkt. Die Eltern sind dagegen. Darf Monika die Katze behalten?
   d) Martin (14 Jahre) kauft sich von seinem Taschengeld eine neue Armbanduhr für 29,00 Euro. Handelt es sich um ein wirksames Rechtsgeschäft?



# 2 Rechtsgeschäfte

Wer in einen Bus einsteigt, zeigt mit seinem Handeln den Willen, dass er diese Dienstleistung in Anspruch nehmen möchte.



*Stefan ist mit Carina verabredet und winkt ihr zu, als er sie auf der gegenüberliegenden Straßenseite sieht. Ein vorbeifahrender Taxifahrer wertet das Winken als Zeichen, dass er anhalten soll und bleibt vor Stefan am Straßenrand stehen. Stefan erklärt dem Taxifahrer, dass das Winken seiner Freundin Carina galt. Der Taxifahrer möchte nun aber zumindest den Grundbetrag von vier Euro von Stefan haben, da er schließlich für Stefan anhielt.*

## 2.1 Willenserklärungen

- Zu einer Willenserklärung gehören der Wille und die Erklärung dieses Willens. In diesem Beispiel fehlt der tatsächliche Wille, es handelt sich daher nicht um eine gültige Willenserklärung.

Der Wille muss nach außen erkennbar gemacht werden. Der Wille muss auf verschiedene Art und Weise erklärt werden:

- **Ausdrücklich**, z. B. jemand sagt, er wolle ein Croissant kaufen
- **Stillschweigend**, d. h. durch schlüssiges (konkludentes) Handeln (jemand gibt wortlos den geforderten Kaufpreis für das Croissant)

## 2.2 Formen und Formvorschriften von Rechtsgeschäften

- Rechtsgeschäfte können grundsätzlich formfrei abgeschlossen werden. Kaufverträge können mündlich, schriftlich oder durch eine Handlung abgeschlossen werden (z. B. Tanken an der Selbstbedienungstankstelle). In vielen Fällen empfiehlt sich jedoch die Schriftform, um bei Rechtsstreitigkeiten Beweise zu haben.
- Bei einigen Rechtsgeschäften bestehen gesetzliche Formvorschriften:
- **Schriftform:** Schriftstück mit der eigenhändigen Unterschrift, z. B. Berufsausbildungsvertrag, Kündigung des Arbeitsvertrags, Ratenkaufvertrag
- **Öffentliche Beglaubigung:** schriftliche Erklärung mit zusätzlicher Beglaubigung der Unterschrift des Erklärenden, z. B. Antrag auf Eintragung in das Grundbuch oder Vereinsregister
- **Notarielle Beurkundung:** die Niederschrift eines Notars zu einem Vertrag oder einer Urkunde wird den Beteiligten vorgelesen, von diesen genehmigt und in Anwesenheit des Notars eigenhändig unterzeichnet. Beispiele: Grundstückskaufvertrag, Ehevertrag, Schenkungen

*Ausbildungsverträge müssen schriftlich geschlossen werden.*



## 2.3 Nichtigkeit und Anfechtbarkeit von Rechtsgeschäften

Rechtsgeschäfte können von Anfang an unwirksam sein, d. h. sie sind nichtig.

### Folgende Geschäfte sind nichtig:

- Geschäfte von Geschäftsunfähigen (Beispiel: die 5-jährige Paula kauft sich ein Sammelalbum)
- Geschäfte bei denen gegen eine Formvorschrift verstoßen wurde (Beispiel: die Kündigung eines Arbeitsvertrags erfolgt nur mündlich)
- Schein- oder Scherzgeschäfte (Beispiel: der Lehrer „verkauft“ seine Uhr im Unterricht als Beispiel)

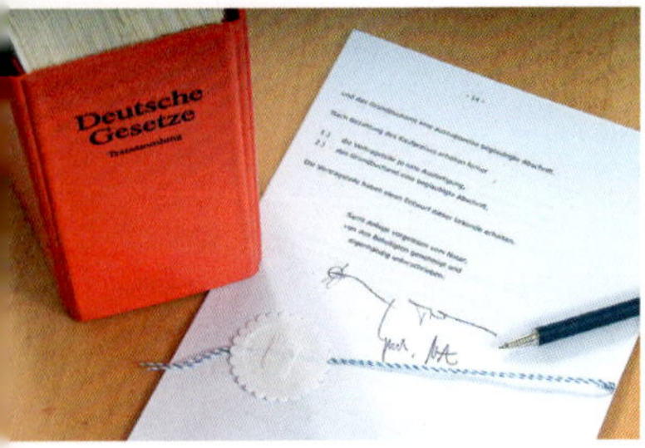


© grafikplusfotos – stock.adobe.com

*Bei Rechtsgeschäften muss das Gesetz beachtet werden.*

- Geschäfte die gegen die guten Sitten verstoßen (Beispiel: Jens leiht Tobias 100 Euro und will nächste Woche 200 Euro zurück.)
- Geschäfte, die gegen ein gesetzliches Verbot verstoßen (Beispiele: Drogenhandel, Verkauf von gestohlener Ware)

Anfechtbare Rechtsgeschäfte sind zunächst voll gültig. Bei erfolgreicher Anfechtung sind sie rückwirkend von Anfang an unwirksam.

## Geschäfte sind aus folgenden Gründen anfechtbar:

- Irrtum
  - bei der Erklärung des Geschäfts, z. B. ein Tippfehler in einer Zahl
  - bei der Eigenschaft der Sache, z. B. Echtheit von Turnschuhen
  - Falsche Übermittlung, z. B. Missverständnis am Telefon
- Arglistige Täuschung, z. B. Verschweigen eines Unfalls bei Gebrauchtwagen trotz Nachfrage eines Käufers
- Widerrechtliche Drohung, z. B. Drohung mit körperlicher Gewalt zur Erzwingung einer Unterschrift.

Die Anfechtung muss in der Regel unverzüglich erfolgen, d. h. sofort, nachdem der Anfechtungsgrund bekannt wurde. Bei Täuschung oder Drohung beträgt die Frist 1 Jahr ab Entdeckung der Täuschung bzw. ab Ende der Zwangslage.

**Bürgerliches Gesetzbuch**

**§ 117 [Scheingeschäft]**

(1) Wird eine Willenserklärung ... nur zum Schein abgegeben, so ist sie nichtig.

**§ 119 [Anfechtbarkeit wegen Irrtums]**

(1) Wer bei der Abgabe einer Willenserklärung über deren Inhalt im Irrtum war oder eine Erklärung dieses Inhalts überhaupt nicht abgeben wollte, kann die Erklärung anfechten, wenn anzunehmen ist, dass er sie bei Kenntnis der Sachlage ... nicht abgegeben haben würde.

**§ 122 [Schadensersatzpflicht des Anfechtenden}**

(1) Ist eine Willenserklärung ... angefochten, so hat der Erklärende ... den Schaden zu ersetzen, den der andere ... dadurch erleidet, dass er auf die Gültigkeit der Erklärung vertraut, ...

**§ 121 [Anfechtbarkeit wegen Täuschung oder Drohung]**

(1) Wer zur Abgabe einer Willenserklärung durch arglistige Täuschung oder widerrechtlich durch Drohung bestimmt worden ist, kann die Erklärung anfechten.

**§ 118 [Sittenwidriges Rechtsgeschäft, Wucher]**

(1) Ein Rechtsgeschäft, das gegen die guten Sitten verstößt, ist nichtig.

(2) Nichtig ist insbesondere ein Rechtsgeschäft, durch das jemand unter Ausbeutung der Zwangslage, der Unerfahrenheit ... der erheblichen Willensschwäche eines anderen sich ... für eine Leistung Vermögensvorteile versprechen lässt, die in einem auffälligen Missverhältnis zur Leistung stehen.

Es wird zwischen anfechtbaren und nichtigen Rechtsgeschäften unterschieden. Erkläre den Unterschied.

Untersuche die untenstehenden Fälle, ob nichtige oder anfechtbare Rechtsgeschäfte vorliegen, und begründe Deine Antwort.

1. Für eine Familienfeier benötigst Du 25 Erdbeerkuchen. Auf dem Bestellschein hast Du versehentlich 250 Stück eingetragen.
2. Zum Geburtstag bestellt W. Klein seiner Freundin einen Ring, der laut Beschreibung mit einem echten Brillanten besetzt ist. Als er sich eine Uhr kauft, zeigt er den Ring einem Juwelier. Es stellt sich heraus, dass es sich um Kristallglas handelt.
3. B. Schleper ist in einer finanziellen Klemme. Er bittet K. Groß, ihm ein Darlehen über 5.000 € zu geben. Als Groß sich weigert, droht Schleper, ihn wegen eines Verkehrsdeliktes anzuzeigen. Groß gibt daraufhin das Geld.
4. S. Hader kauft bei einer Bank Aktien. Er glaubt, dass die Aktien im Kurs steigen werden, doch leider sinkt der Wert in der nächsten Zeit ständig.



# 3 Rechte und Verpflichtungen in Verträgen

*Marco, ein 17-jähriger Auszubildender zum Industriekaufmann, gerade auf dem Heimweg von der Arbeit, hat Pech: Sein Moped bleibt mangels Sprit stehen. Manuela, 18-jährige Bürokauffrau, kommt gerade vorbeigefahren und überlässt Marco ihren Ersatzkanister samt Inhalt. Am nächsten Tag soll Marco den Kanister wieder gefüllt zurückbringen. Marco füllt den Kanister bei einer Tankstelle und kauft eine Schachtel Pralinen, die er Manuela zum Dank für ihre Hilfe schenkt.*

*Eine Kette von Verträgen ...*

*Arten, wie ein Vertrag geschlossen werden kann*

In diesem Beispiel ist eine Reihe von Verträgen zustande gekommen. Beim Überlassen eines Kanisters Benzin und Zurückgeben des gefüllten Kanisters an Manuela handelt sich um einen Darlehensvertrag. Der Kauf von Benzin und einer Schachtel Pralinen an der Tankstelle ist jeweils ein Kaufvertrag. Beim unentgeltlichen Übergeben der Pralinen an Manuela liegt ein Schenkungsvertrag vor.

Verträge kommen durch zwei übereinstimmende Willenserklärungen (Antrag und Annahme) zustande.

## 3.1 Kaufverträge

**Formlos:**
Grundsätzlich gilt bei Kaufverträgen Formfreiheit. Beim Kauf von Immobilien muss aber zusätzlich ein Notar den Vertragsschluss beurkunden (= Notarielle Beurkundung).

Der bekannteste aller Verträge ist der Kaufvertrag. Unter Anwesenden müssen Willenserklärungen sofort erfolgen. Bei schriftlichen Anträgen per Post, per Fax und per Email muss die Annahme innerhalb der üblicherweise zu erwartenden Zeit erfolgen. Kaufverträge können meist **formlos** geschlossen werden.

**§ 433 BGB (Vertragstypische Pflichten beim Kaufvertrag)**

(1) Durch den Kaufvertrag wird der Verkäufer einer Sache verpflichtet, dem Käufer die Sache zu übergeben und das Eigentum an der Sache zu verschaffen. Der Verkäufer hat dem Käufer die Sache frei von Sach- und Rechtsmängeln zu verschaffen.

(2) Der Käufer ist verpflichtet, dem Verkäufer den vereinbarten Kaufpreis zu zahlen und die gekaufte Sache abzunehmen.

1. Begründe, ob in folgenden Fällen ein rechtswirksamer Kaufvertrag abgeschlossen wurde.
   a) Rainer geht in ein Lebensmittelgeschäft, nimmt sich eine Tüte Chips und bezahlt an der Kasse.
   b) Ein Privatmann nimmt vom Briefträger ein Päckchen an, in dem sich unbestellte Ware befindet.
2. Im Alltag wird täglich eine Vielzahl weiterer Verträge geschlossen. Beschreibe zusammen mit Deinem Nachbarn weitere mögliche Verträge.

## 3.2 Ratenkaufverträge

*Abschluss eines Ratenkaufvertrags*

Der 18-jährige Rainer möchte sich einen gebrauchten Pkw kaufen. Leider fehlt ihm das erforderliche Kapital. Ein geschickter Verkäufer bietet ihm daraufhin an, das Auto in monatlichen Raten von 200,00 Euro innerhalb von 36 Monaten zu einem effektiven Zinssatz von 3 Prozent abzuzahlen. Rainer willigt sofort ein und fährt mit seinem neu erworbenen Auto davon.

Kreditfinanzierte Käufe (= Ratenkaufverträge) gehören heute zum Alltag. Dies gilt insbesondere bei höherwertigen Konsumgütern wie Smartphones oder Autos. Derartige Güter können häufig nicht sofort in voller Höhe bezahlt werden. Um Kaufanreize zu schaffen und auch kurzfristig größere Anschaffungen für jedermann zu realisieren, werden häufig Ratenlieferungsverträge vereinbart. Nur voll geschäftsfähige Personen können solche Verträge abschließen, also in der Regel Personen ab 18 Jahren.

1. Diskutiere, warum besondere gesetzliche Regelungen bei Ratenkreditverträgen erforderlich sind.
2. Recherchiere Angebote zur Finanzierung eines Smartphones bei verschiedenen Händlern und vergleiche die angebotenen Bedingungen.

## 3.3 Mobilfunkverträge

Wer kennt nicht die verlockenden Werbeangebote für besonders billige Handytarife? Gerade kleinere Mobilfunkanbieter werben mit niedrigen Preisen. Um die Angebote zu vergleichen, muss man wohl oder übel auch das Kleingedruckte lesen. Unterschiede finden sich meist beim Serviceangebot, bei Auslandstarifen oder bei einem gedrosselten Internetzugang.

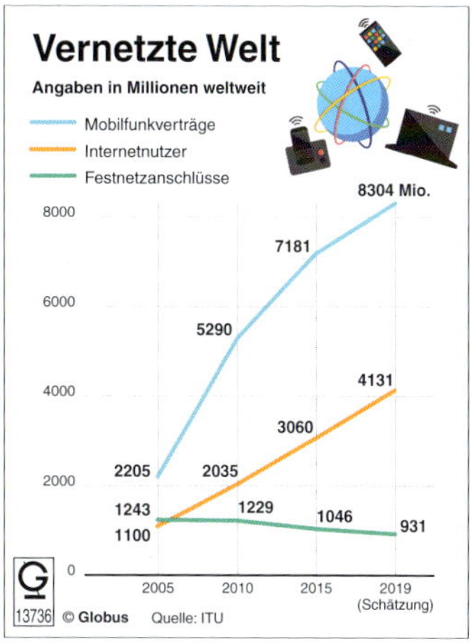


*Weltweit kommen 108 Handyverträge auf 100 Einwohner – in den Industrieländern sind es 129 je 100 Einwohner und in den Entwicklungsländern 104 je 100 Einwohner.*



Ein Mobilfunkvertrag oder Smartphonevertrag ist vereinfacht gesagt eine Art Dienstleistungsvertrag, der schriftlich zwischen einem Nutzer und einem Mobilfunkanbieter (dem Provider) geschlossen wird. Er regelt die Bereitstellung und Nutzung von Dienstleistungen rund ums Handy, z. B. Kosten fürs Telefonieren und den Datentransfer. Minderjährige können einen solchen Vertrag, der weitere Verpflichtungen nach sich zieht, noch nicht abschließen.

Wenn Eltern einem Minderjährigen ein Handy zur Nutzung überlassen, dann müssen sie für die entstandenen Kosten beim Mobilfunkanbieter aufkommen. Anders sieht das bei Forderungen sogenannter Drittanbieter aus (zum Beispiel bei In-App-Käufen in Online-Spielen), da der Minderjährige keine gültigen Verträge ohne Zustimmung seiner Eltern abschließen kann.

**Beispiel:**
Die fünfzehnjährige Malia spielt gerne auf dem Handy ihrer Mutter das Spiel „Luckies Farm". Dabei kauft sie im Spiel zusätzliche „Gegenstände" für über 80 Euro, die über die Handyrechnung ihrer Mutter abgerechnet werden. Sie beteuert ihrer aufgebrachten Mutter, dass sie nicht wusste, dass dies so viel Geld kostet. Der Mobilfunkanbieter besteht darauf, dass die Mutter diese Kosten bezahlt.

Der Provider ist rechtlich gesehen im Unrecht, da die Mutter ihrer minderjährigen Tochter keine Genehmigung zu einem solchen Kauf gab. Das bloße Überlassen des Handys zum Spielen ist noch keine Zustimmung.

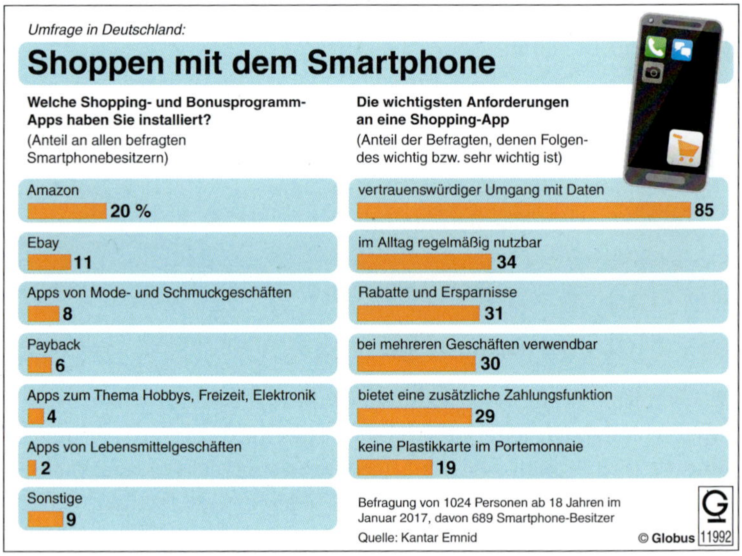


*Einkaufen im Internet ist bequem. Für diese Einkäufe gibt es spezielle gesetzliche Regelungen.*



## 3.4 Rechtsgeschäfte im Internet

Wer im Internet bestellt, hat ein 14-tägiges Widerrufsrecht. Das bedeutet, dass man einen Vertrag innerhalb dieser Frist ohne einen Reklamationsgrund einfach annullieren kann. Für einen gültigen Widerruf gelten die folgenden Regeln:

*Vorsicht vor Abofallen!*

- Bei Warenlieferungen beginnt die Widerrufsfrist mit Erhalt der Ware.
- Bei digitalen Produkten (z. B. Downloads) beginnt sie bereits in dem Moment, in dem das Unternehmen die Bestellung des Kunden verbindlich akzeptiert.
- Wenn das bestellte Video bereits gestreamt wurde oder der Download erfolgte, erlischt das Widerrufsrecht.
- Der Onlinehändler muss ordnungsgemäß über das Widerrufsrecht informieren. Wenn nicht, verlängert sich die Widerrufsfrist.

Der Widerruf kann durch eine eindeutige Erklärung gegenüber dem Online-Händler formlos (z. B. auch per Telefon, E-Mail etc.) erklärt werden. Er muss keine Begründung enthalten. Die kommentarlose Rücksendung der Ware reicht nicht aus.

> Recherchiere im Internet nach Ausnahmen beim Widerrufsrecht.

Unternehmen müssen bei Bestellungen über das Internet klar kenntlich machen, was ihre Leistung kostet. Der Verbraucher muss alle für den Vertragsschluss wesentlichen Informationen verständlich nachvollziehen können. Der Verbraucher muss seinen Willen zum Vertragsschluss durch einen Klick auf eine Schaltfläche mit der Beschriftung „zahlungspflichtig bestellen" oder Ähnlichem zum Ausdruck bringen. Mit dieser Regelung soll ausgeschlossen werden, dass Verbraucher eine Bestellung im Internet ausführen, ohne sich darüber im Klaren zu sein, dass diese Leistung kostenpflichtig ist.

## 3.5 Störungen bei der Erfüllung von Kaufverträgen

Falls einer der Vertragspartner seinen Verpflichtungen nicht oder nur unzureichend nachkommt, spricht man von einer Leistungsstörungen.

### Arten der Leistungsstörungen

Mögliche Leistungsstörungen sind Mängel an der Ware, ein Leistungsverzug (Verzug bei Lieferung oder Zahlung) oder ein Annahmeverzug.

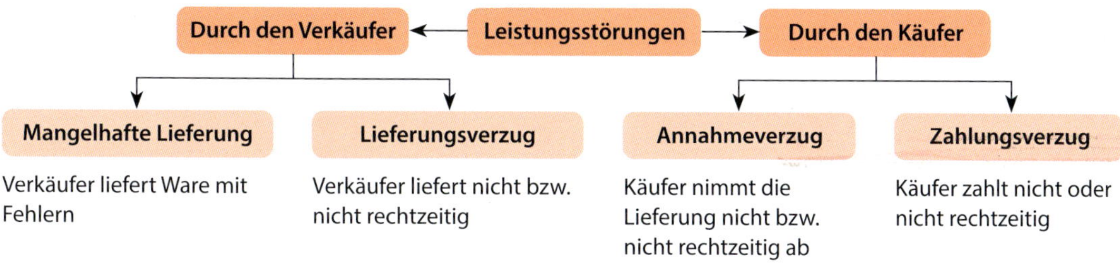


### Leistungsverzug (Verzug bei Lieferung oder Zahlung)

Wenn der Fälligkeitstermin (Zeitpunkt, an dem z. B. die Lieferung oder die Zahlung zu erbringen war) überschritten ist, kann ein Leistungsverzug vorliegen. Voraussetzung ist ein Verschulden des Leistungspflichtigen, d. h. entweder **Vorsatz** oder **Fahrlässigkeit**.

**Vorsatz:**
Vorsatz liegt vor, wenn eine Handlung mit voller Absicht durchgeführt ist

**Fahrlässigkeit:**
Sie liegt vor, wenn eine Handlung zwar ungewollt, aber achtlos ohne Sorgfalt durchgeführt wird.

Vgl. Bürgerliches Gesetzbuch §§ 286 ff.

| **Leistungsverzug** | | |
|---|---|---|
| **Lieferungsverzug** | Rechte des Käufers | 1. Auf Lieferung bestehen<br>2. Lieferungs und Schadenersatz (z. B. entgangener Gewinn)<br>3. Lieferung ablehnen (Rücktritt vom Vertrag)*<br>4. Rücktritt und Schadenersatz verlangen* |

| Leistungsverzug | | |
|---|---|---|
| **Zahlungsverzug** | Rechte des Verkäufers | 1. Zahlung verlangen (Erfüllung des Vertrags)<br>2. Zahlung und Schadenersatz (z. B. Verzugszins)<br>3. Rücktritt vom Vertrag (Ablehnung der Zahlung und Rücknahme der Ware)*<br>4. Rücktritt und Schadenersatz wegen Nichterfüllung verlangen*<br><br>* Punkt 3 und 4 erst nach Ablauf einer Nachfrist |

## Annahmeverzug

Ein Annahmeverzug des Käufers liegt vor, wenn die ordnungsgemäß und pünktlich gelieferte Ware nicht oder nicht rechtzeitig abgeholt wird.

Vgl. Bürgerliches Gesetzbuch §§ 293 ff.

| | | |
|---|---|---|
| **Annahmeverzug** | Rechte des Verkäufers | 1. Ware einlagern und auf Abnahme klagen<br>2. Kosten der Einlagerung und Mehraufwendungen vom Käufer verlangen<br>3. Nach vorheriger Androhung Selbsthilfeverkauf (anderweitig verkaufen bzw. öffentliche Versteigerung) |

1. Eine bestellte Ware wird nicht geliefert. Erläutere die Rechte des Käufers.
2. Erläutere die Art der vorliegenden Störung und angemessene Handlungsweisen.
   a) Stefan bestellt im Möbelhaus am 20. Juni für seine erste Wohnung eine Couch mit dem Liefertermin 30. August. Auch am 15. September ist die Couch noch nicht eingetroffen.
   b) Zum 19. Geburtstag bestellt Ben beim Metzger für 100 Euro Grillfleisch, Abholtermin: Samstag, 23. September 14:00 Uhr. Als er das Fleisch abholen möchte, erfährt er, dass der Auftrag vergessen wurde.
   c) Du verkaufst einem Bekannten Dein gebrauchtes Fahrrad. Er nimmt das Rad direkt mit. Die Zahlung des Kaufpreises wird für Dienstag der nächsten Woche vereinbart. Am Freitag hat der Bekannte noch immer nichts von sich hören lassen.
   d) Am 15. März ist die Lieferung der neuen Küche vereinbart. Zur festgelegten Uhrzeit ist allerdings niemand zu Hause.



## Mangelhafte Lieferung

Vgl. Bürgerliches Gesetzbuch § 433 bis § 435

Der Verkäufer ist verpflichtet, die Ware in einwandfreiem Zustand zu liefern. Hat die Ware Mängel, trägt der Verkäufer die Verantwortung.

Mögliche Mängel sind:

**Mängelursachen**

**Art**
- Falsche Lieferung, andere Sache wird geliefert

**Beschaffenheit**
- Ware ist mangelhaft, beschädigt;
- Ware ist nicht vertragsgemäß verwendbar;
- Ware ist nicht für die gewöhnliche Verwendung geeignet;
- Eigenschaften laut Verkäufer, Werbung fehlen

**Montage**
- unsachgemäße Montage
- mangelhafte Montage

**Menge**
- Zu wenig wird geliefert

Daneben liegt ein Mangel vor, wenn gefälschte Ware oder Raubkopien verkauft werden.

Bestimme jeweils die Art des Mangels, der bei den Waren vorliegt:
1. Der neue E-Roller hat an der Felge deutliche Gebrauchsspuren.
2. Dein neuer Wagen rostet schon nach einem Jahr auf dem Dach.
3. Du kaufst im Möbeldiscounter ein Regal. Die Bauanleitung ist jedoch missverständlich.
4. Du hast zwei Spiele für die Playstation bestellt. Du erhältst jedoch zwei Spiele für die Xbox.
5. Bei einem in der Werbung als wasserdicht beschriebenen Smartphone beschlägt nach einem kurzen Regenguss das Display von innen.



## Gesetzliche Gewährleistungsansprüche

Nachdem der Käufer dem Verkäufer einen Mangel an der gekauften Ware mitgeteilt hat, hat der Käufer verschiedene Rechte bzw. Gewährleistungsansprüche.

*Das geht über die gesetzliche Gewährleistung von 24 Monaten weit hinaus.*

Bei neuen Produkten haftet der Händler mindestens 2 Jahre. Beim Verkauf gebrauchter Produkte, z. B. ein Gebrauchtwagen, kann der Händler die Gewährleistungsfrist auf ein Jahr herabsetzen. Privatverkäufer können im Gegensatz zu Händlern die Gewährleistung ganz ausschließen, andernfalls haften sie genauso lange wie Händler. Das vorrangige Gewährleistungsrecht ist die Nacherfüllung.

**Nacherfüllung (vorrangig)**

- **Art** (Mangelbeseitigung)
- **Ersatzlieferung** (Lieferung einer mangelfreien Sache)

Bei Scheitern oder Verweigerung der Nacherfüllung in einer angemessenen Frist (z. B. bei zwei gescheiterten Reparaturversuchen) können nachrangige Gewährleistungsansprüche geltend gemacht werden.

Vgl. Bürgerliches Gesetzbuch §§ 437 ff.

**Nachrangige Gewährleistungsansprüche**

- **Rücktritt**: Rückgängigmachen des Vertrags (Ware zurückgeben, Kaufpreis erstatten)
- **Minderung**: Herabsetzung des Kaufpreises in angemessenem Verhältnis
- **Schadenersatz**:
  - Ersatz des entstandenen Schadens wegen Pflichtverletzung des Verkäufers
  - Schadensersatz statt der Leistung wegen nicht korrekt erbrachter Leistung

**Garantie:**
Dabei handelt es sich im Allgemeinen um eine verbindliche Zusage für ein bestimmtes Handeln in einem bestimmten Fall, zum Beispiel eine kostenlose Reparatur. Sie werden in einem Vertrag freiwillig vereinbart.

**Kulanz:**
Darunter versteht man das freiwillige Entgegenkommen zwischen Vertragspartnern, ohne dass hierzu eine besondere Pflicht besteht.

Die ersten sechs Monate muss ein Händler im Streitfall beweisen, dass ein Mangel nicht von Anfang da war. Nach sechs Monaten muss der Käufer im Streitfall beweisen, dass der Mangel schon seit dem Kauf bestanden hatte („Beweislastumkehr“).

Die gesetzliche Gewährleistung darf nicht mit einer freiwilligen **Garantie** oder einem Entgegenkommen des Verkäufers aus **Kulanz** verwechselt werden.

1. Unterbreite jeweils einen Vorschlag, welchen Anspruch der Käufer geltend machen sollte. Begründe Deine Entscheidung.
   a) An Majas neuem Tablet funktioniert nach vier Wochen der Einschaltknopf nicht mehr.
   b) Helenas Smartphone fällt nur sechs Wochen nach dem Kauf auf den Küchenboden. Das Display hat einen Sprung.



## Zusammenfassung

Verträge kommen durch zwei übereinstimmende Willenserklärungen zustande.

Mit dem Zustandekommen eines Vertrages gehen die Vertragspartner unterschiedliche Rechte und Pflichten ein.

Die bekanntesten aller Verträge sind der Kaufvertrag und der Mobilfunkvertrag, eine Art Dienstleistungsvertrag.

Ratenzahlungen werden angeboten, um Kaufanreize zu schaffen und auch kurzfristig größere Anschaffungen für jedermann realisierbar zu machen.

Mängelursachen in Art, Beschaffenheit, Montage oder Menge muss der Verkäufer verantworten.

Wenn ein Vertragspartner seinen Verpflichtungen nicht nachkommt, spricht man von Leistungsstörungen.

Durch die gesetzliche Gewährleistung haben Käufer bis zu zwei Jahre nach dem Kauf besondere Haftungsrechte.

## Wissens-Check

Begründe, ob in folgenden Fällen ein rechtswirksamer Vertrag zustande bzw. nicht zustande gekommen ist.

a) Ein Kunde bestellt aufgrund einer detaillierten Werbeanzeige in der Tageszeitung. Der Verkäufer nimmt die Bestellung an.

b) Ein Kunde bestellt vier neue Sommerreifen, der Verkäufer liefert ihm aber vier neue Winterreifen.

c) Leon (17) bestellt ohne die Zustimmung seiner Eltern per Mausklick im Internet ein paar neue Schuhe.

d) Ein Minderjähriger schaltet auf dem Handy seines Vaters kostenpflichtige Teile eines Computerspiels frei.

# 4 Warenkennzeichnungen

*Wer in Geschäften oder online einkauft, der verliert oft die Übersicht über die riesige Auswahl an Produkten. Warenkennzeichnungen sollen den Kunden beim Einkaufen helfen, die Produkte miteinander zu vergleichen.*

## 4.1 Gesetzliche Warenkennzeichnungen

### Kennzeichnungen auf Lebensmittel

Bei Lebensmitteln ist die Pflichtkennzeichnung aller Waren gesetzlich geregelt. Dazu gehören zum Beispiel:

| | |
|---|---|
| Die Bezeichnung des Lebensmittel (Verkehrsbezeichung z. B. „Milchschokolade") | Eine Nährwerttabelle, eventuell den Alkoholgehalt |
| Das Zutatenverzeichnis (die Inhaltsstoffe) in der Reihenfolge des Mengenanteils | Wenn nötig, Informationen zur Verwendung, zum Gebrauch oder zur Lagerung |
| Das Mindesthaltbarkeitsdatum | Unverträglichkeitsreaktionen durch Allergien |
| Die Menge („Nettofüllmenge") | Das Herkunftsland |
| Der Name und die Anschrift des Herstellers, Verpackers oder Verkäufers | Bei Gemüse müssen die Qualitätsklassen von „Extra" (hohe Qualität) über „I" bis „II" gekennzeichnet sein. |

*Waren müssen ausgezeichnet werden.*

*Nur, wenn genug echte Kakaobutter drin ist, darf der geschützte Begriff „Schokolade" draufstehen. Begriffe wie „Choco" oder „kakaohaltige Fettglasur" wie in diesem Beispiel verwirren. Ein Blick in die Zutatenliste ist notwendig.*

*Die Angabe des Materials dieses Pullovers ist gesetzlich verpflichtend, die Waschhinweise dagegen nur freiwillig.*

Auch in anderen Bereichen sind Angaben gesetzlich verpflichtend.

Auf Kleidung müssen Angaben zum Rohstoffgehalt leicht erkennbar sein, bei Schuhen zeigt ein verpflichtendes Schild das Material des Obermaterials und der Sohle.

## 4.2 Einheitliche Angaben zum einfachen Preisvergleich

Damit die Käufer ohne umständliches Rechnen die Produktpreise vergleichen können, hat der Gesetzgeber auch hierfür verpflichtende Angaben eingeführt.

- Alle Waren müssen mit einem gut sichtbaren Preis gekennzeichnet sein.
- Alle Preise müssen Endpreise sein, also einschließlich Mehrwertsteuer.
- Bei Produkten, die noch abgewogen werden, muss immer der Grundpreis, zum Beispiel pro 100 Gramm, angegeben sein.
- Bei abgepackten Produkten muss neben dem eigentlichen Preis für die Packung zusätzlich noch der **Grundpreis** angegeben sein.

**Grundpreis:**
Das ist der Preis für eine gut vergleichbare Mengeneinheit, zum Beispiel der Preis pro 100 Gramm oder pro Liter.

Die Preise für Dienstleistungen müssen gut sichtbar ausgehängt sein, zum Beispiel beim Frisör im Schaufenster.

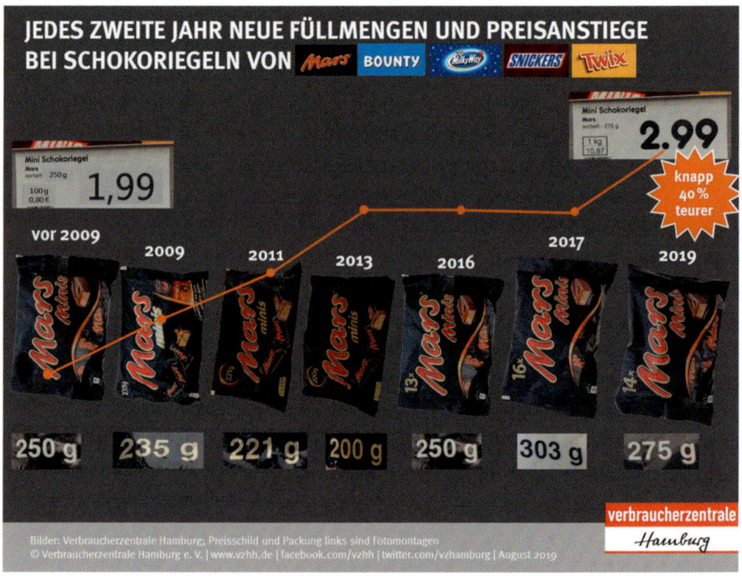


*Nur am Grundpreis kann man erkennen, dass dieses Produkt um 40 Prozent teurer wurde.*

1. Vergleiche die Warenkennzeichnung verschiedener Produkte am Pausenverkauf.
2. Überprüfe die Warenkennzeichnung der Oberbekleidung, die Du gerade hast.

## 4.3 Freiwillige Warenkennzeichnung

Um auf besondere Eigenschaften des Produktes hinzuweisen, geben Hersteller und Verkäufer mit freiwilligen Warenkennzeichnungen den Kunden zusätzliche Informationen.

Gütezeichen (Gütesiegel) und Prüfzeichen (Prüfsiegel) geben Hinweise auf die Qualität und auf die Umwelt- oder Sicherheitseigenschaften einer Ware. Sie sollen zeigen, dass es sich hierbei um ein qualitativ hochwertiges Produkt handelt, und möchten das Kaufverhalten der Kunden günstig beeinflussen.

Allein in Deutschland gibt es über 1.000 verschiedene Gütesiegel, die teilweise sehr verlässlich sind, teilweise aber wenig Aussagekraft haben. Auch staatliche Institutionen, **Verbände** und Vereine (z. B. der **TÜV** Saarland) führen Untersuchungen durch und vergeben Güte- und Prüfzeichen. Der Kunde muss dann bei bestimmten Produktmerkmalen keine Bedenken haben.

| Auswahl gängiger Zeichen und ihre Bedeutung | |
|---|---|
| | Europäisches Biologo: Es zeigt an, dass ein Produkt aus ökologischem Anbau innerhalb der Europäischen Union stammt. |
| BIO nach EG-Öko-Verordnung | Deutsches Biosiegel: Das schon vor dem EU-Biosiegel in Deutschland eingeführte staatliche Siegel wird wegen des hohen Erkennungsgrades immer noch zusammen mit dem EU-Biologo genutzt. |
| FAIRTRADE | Fairtrade-Zeichen („Fairer Handel"): Als fairer Handel wird ein kontrollierter Handel bezeichnet, bei dem die Erzeuger (z. B. Kaffeebauern) einen Mindestpreis für ihre Produkte erhalten. |
| FSC® | FSC-Zeichen: Das Holz von Möbeln, Büchern, Schulheften oder Bleistiften mit FSC-Siegel kommt aus Wäldern, die verantwortungsvoll bewirtschaftet werden, z. B. nach strengeren ökologischen Regeln. Das soll dazu beitragen, dass die Wälder langfristig erhalten bleiben können. |
| CE | CE-Kennzeichnung: CE= „Conformité Européenne", übersetzt „Europäische Konformität"). Die CE-Kennzeichung bedeutet, dass das Produkt bestimmte technische Mindestanforderungen an Sicherheit der Europäischen Union einhält. Es muss vom Hersteller verpflichtend angebracht werden. |
| GS geprüfte Sicherheit | GS-Zeichen: Es ist das einzig gesetzlich geregelte Prüfzeichen in Europa für Produktsicherheit. Im Vergleich zum CE-Zeichen zeigt das GS-Zeichen, dass das Produkt von einer unabhängigen Stelle überprüft wurde. |

© dpa

*Die Unterhaltungssoftware Selbstkontrolle (USK) empfiehlt Altersfreigaben z. B. für Computerspiele.*

**Verband**
Hier ist eine Vereinigung von Personen, Vereinen oder Herstellern gemeint, die gleiche Interessen haben, z. B. der Verband der deutschen Games-Branche e.V.

TÜV SAARLAND

**TÜV**
Technischer Überwachungsverein

Lerngebiet 5

1. Recherchiere drei weitere Güte- oder Prüfzeichen Deiner Wahl. Stelle Kriterien vor, die bei der Vergabe der von Dir ausgesuchten Siegel eine Rolle spielen.
2. Diskutiere, ob Warenkennzeichnungen Deine Kaufentscheidungen beeinflussen bzw. schon beeinflusst haben.
3. Gestalte ein eigenes Gütesiegel für Deine Schule.

### Zusammenfassung

Es gibt gesetzlich verpflichtende und freiwillige Warenkennzeichnungen.

Bestimmte Begriffe dürfen nur auf Verpackungen genutzt werden, wenn die Inhalte stimmen (z. B. Schokolade, Öko, Bio).

Preise müssen in allen Geschäften gut sichtbar angebracht sein.

Der Grundpreis der Produkte hilft beim Preisvergleich. Er ist verpflichtend anzugeben.

Der Staat, Berufsverbände und Überwachungsvereine (z. B. TÜV) vergeben Gütesiegel.

### Wissens-Check

1. Nenne drei gesetzlich vorgeschriebene Produktbezeichnungen und drei freiwillige Angaben auf Produkten.
2. Unterscheide die Bedeutung des Fair Trade Siegels und des deutschen Biosiegels.



# 5 Verbraucherschutz

*Das kennen wir alle: In der Fußgängerzone versucht jemand, uns ein Produkt „anzudrehen". Man gibt klar zu erkennen, dass man nichts kaufen möchte. Der Verkäufer gibt aber nicht auf, uns zu bedrängen. Entnervt gibt man nach und bereut den Kauf schon kurz danach wieder. Man möchte am liebsten sein Geld wieder zurück.*

## 5.1 Rechte zum direkten Schutz der Verbraucher

### Allgemeine Geschäftsbedingungen (§§ 305–310 BGB)

*Kleingedrucktes: Der Teufel liegt im Detail.*



Damit nicht jeder Vertrag in allen Details neu ausgehandelt werden muss, vereinfachen vorformulierte Vertragsbedingungen das Geschäftsleben. Bei Vertragsabschluss stimmt der Kunde diesen Regeln automatisch zu. Voraussetzung ist, dass er ausdrücklich darauf hingewiesen wurde und der Kunde ausreichend Zeit hatte, von den Bedingungen Kenntnis zu nehmen. Hierin liegt aber die Gefahr, dass der Kunde durch das sogenannte „Kleingedruckte“ vom Verkäufer benachteiligt werden könnte. Daher dürfen die Regelungen in den **AGB** nicht gegen gesetzliche Bestimmungen (z. B. die gesetzliche Gewährleistungspflicht) verstoßen.

**AGB:**
Allgemeine Geschäftsbedingungen

1. Recherchiere gängige Bestimmungen aus den AGB, die z. B. in einem Supermarkt angewendet werden.

## Verbraucherschutz bei Telefonwerbung

Unerwünschte Telefonwerbung ist verboten. Verstöße stellen eine Ordnungswidrigkeit dar und werden von der Bundesnetzagentur verfolgt, wenn der Verbraucher diese Anrufe über eine Verbraucherzentrale meldet. Verstöße können mit hohen Geldbußen geahndet werden. Verboten sind Werbeanrufe ohne Einwilligung des Verbrauchers sowie das Unterdrücken der Telefonnummer.

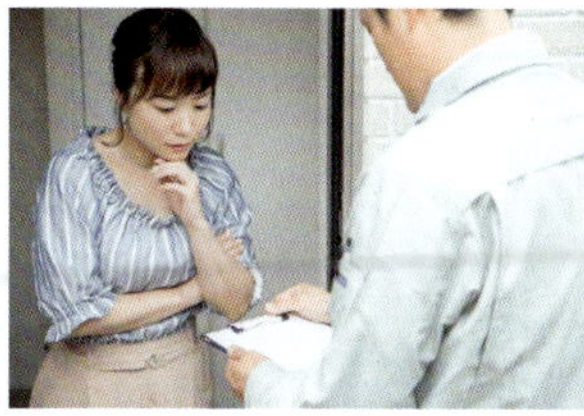


*Bei Geschäften an der Haustür hat man ein vierzehntägiges Widerrufsrecht*

## Widerruf von Geschäften, die nicht in Geschäftsräumen abgeschlossen wurden

Wer außerhalb von den klassischen Geschäftsräumen, zum Beispiel an der Haustür oder auf einer „Kaffeefahrt“ etwas kauft oder einen Vertrag abschließt, hat wie beim Abschluss im Internet ein vierzehntägiges Widerrufsrecht. Zur Fristwahrung genügt die rechtzeitige Absendung des Widerrufs. Der Widerruf kann formlos erfolgen (zum Beispiel als E-Mail) und muss nicht begründet werden. Die empfangenen Leistungen, müssen bezahlt oder zurückgegeben werden. Das Gesetz findet keine Anwendung bei Vertretern und Handwerkern, die der Kunde selbst bestellt hat.



Ein Zeitschriftenverkäufer verkauft Anita ein Abonnement an einem Stand in der Bahnhofsstraße. Am nächsten Tag bereut Anita ihre Entscheidung und möchte das Abonnement kündigen. Beurteile die Rechtslage des Falls.

## Gesetz über die Haftung für fehlerhafte Produkte (Produkthaftungsgesetz)

Angenommen, durch einen Kurzschluss in einem Mikrowellengerät wird ein Zimmerbrand verursacht. In diesem Fall regelt das Produkthaftungsgesetz, wer für den Schaden aufkommt. Nach dem Produkthaftungsgesetz werden nur durch das Produkt verursachte Schäden, nicht aber das fehlerhafte Produkt selbst ersetzt. Derjenige, der ein fehlerhaftes Produkt ausliefert, haftet für verursachte Personen- und Sachschäden ab 500 Euro Eigenbeteiligung.

*Hier haftet der Hersteller für die Schäden in der Küche*

Ein Hersteller haftet zum Beispiel für entstehende Schäden, wenn:

- Ein Produkt fehlerhaft konstruiert wurde

- Ein „Ausreißer" in der Produktion mangelhaft war
- Die Anleitung fehlerhaft war
- Der Hersteller nicht ausreichend darauf hinwies, dass das Produkt schädlich sein kann

Wenn der Hersteller beim Produzieren noch nicht wissen konnte, dass sein Produkt schädlich sein wird, muss er nicht haften. Ähnlich sieht es aus bei falscher Verwendung eines Produktes oder bei privaten Umbauten.

1. Nenne die wesentlichen Bestimmungen des Produkthaftungsgesetzes.
2. Finde weitere Beispiele, bei denen der Hersteller nicht haften muss.

## 5.2 Verbraucherinformation und -beratung

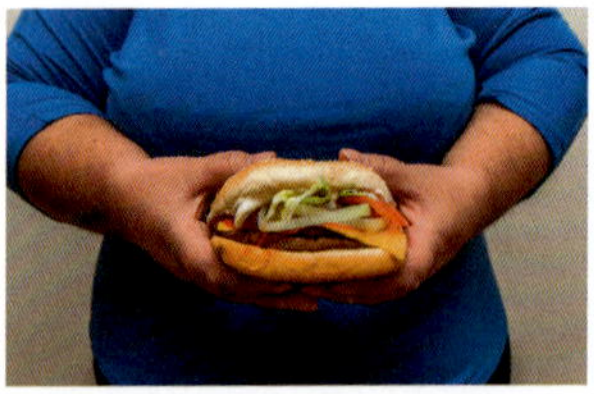


*Wer durch übermäßigen Fastfoodkonsum gesundheitliche Schäden riskiert, kann vom Anbieter keine Haftungsansprüche geltend machen.*

Der Verbraucher sieht sich heute einer unübersehbaren Menge an Angeboten gegenüber. Sie werden ihm in oft verlockender Verpackung meist zur Selbstbedienung angeboten. Dabei ist die Verbraucherinformation und -beratung oft unzureichend. Deshalb helfen Verbraucherschutzverbände, Verbraucherportale im Internet und Verbraucherzeitschriften dem Verbraucher, indem sie

- Preis- und Leistungsvergleiche (Tests) durchführen, auswerten und veröffentlichen,
- über Verbraucherrechte informieren,
- leichtgläubige Konsumenten vor „Verkäufertricks" und „**Konsumentenfallen**" warnen.

**Konsumentenfallen:**
Durch unbedachtes „Klicken" oder Ausfüllen von Anmeldeformularen ohne sorgfältiges Lesen besteht z. B. die Gefahr in sog. Abofallen zu geraten. Hierbei handelt es sich um ein angeblich abgeschlossenes Abonnement, welches der Internetnutzer dann unbewusst online abschließt. Zu überhöhten Preisen wird dann versucht, über Mahnschreiben, Inkassounternehmen und sogar mithilfe dubioser Rechtsanwälte den Abo-Betrag einzufordern.

Trotz aller Hilfe von Verbraucherverbänden und dem Gesetzgeber sollte jeder Käufer vor der Kaufentscheidung alle Produktangaben, Werbeversprechen und Verträge kritisch hinterfragen. Wenn mal etwas unklar ist, können Vertrauenspersonen in der Familie oder in der Schule weiterhelfen, bevor man eine Entscheidung fällt.

## Verbraucherzentralen

Verbraucherzentralen sind eingetragene Vereine, die sich in den Bundesländern um Verbraucherschutz und Verbraucherinformation kümmern. Die Verbraucherzentralen klären den Verbraucher durch Informationsveranstaltungen, Broschüren, Testzeitschriften und Beratungen auf. Sie unterhalten in vielen Städten Beratungsstellen (z. B. in Saarbrücken und Dillingen/Saar), beraten aber auch telefonisch und geben Tipps. Sie sammeln Material, z. B. Reklamationen von ihren Mitgliedern, schreiben die betreffenden Firmen an und gewähren Rechtsschutz.

*Verbraucherzentrale Saarland*

*www.vz-saar.de/home*

## Stiftung Warentest

Bereits 1964 wurde die Stiftung Warentest mit Sitz in Berlin gegründet. Sie lässt durch Fachinstitute vergleichende Tests von Waren und Dienstleistungen, wie z. B. Smartphones, Shampoo, Tätowierfarben bis hin zu Versicherungen, durchführen oder testet selbst. Die Prüfkriterien legt die Stiftung Warentest selbst fest, z. B. die Haltbarkeit einer Handyhülle oder die Verträglichkeit der Inhaltsstoffe einer Creme. Das Prüfergebnis wird gewichtet in einer Gesamtnote von „sehr gut“ bis „mangelhaft“ festgehalten. Die Ergebnisse werden monatlich in Zeitschriften und online veröffentlicht und in Jahrbüchern zusammengefasst. Um neutral zu bleiben, gibt es keine Werbung in den Zeitschriften und auf der Internetseite. Die Stiftung bekommt dafür Geld vom Staat.

1. Nenne die Aufgaben, die die Verbraucherzentralen und die Stiftung Warentest erfüllen.
2. Das oberste Gebot der Verbraucherzentralen und der Stiftung Warentest lautet „Neutralität“. Erläutere, was damit gemeint ist und wodurch die Neutralität sichergestellt wird.
3. Nenne beispielhaft fünf Tests oder Themen, die auf der Homepage der Stiftung Warentest (test.de) angegeben werden.
4. Recherchiere Kriterien, welche beim Test eines Produktes ihrer Wahl berücksichtigt wurden und welche nicht berücksichtigt wurden. Diskutiere über die Aussagekraft von Warentests.

### Zusammenfassung

Verbraucherschutz umfasst alle Maßnahmen, die den Konsumenten schützen.

Die Allgemeinen Geschäftsbedingungen (AGB) vereinfachen den Vertragsabschluss vor allem für den Unternehmer.

Nach der Preisangabenverordnung sind die Preise so anzugeben, wie sie einschließlich Mehrwertsteuer und sonstigen Preisbestandteilen zu zahlen sind.

Das Produkthaftungsgesetz regelt den Ersatz für Folgeschäden, die durch den Ge- und Verbrauch eines Produktes entstehen.

Verbraucherzentralen sind eingetragene Vereine, die sich um Verbraucherschutz und Verbraucherinformation bemühen.

Die Stiftung Warentest lässt vergleichende Tests von Waren und Dienstleistungen durchführen oder testet selbst.

### Wissens-Check

1. Beschreibe den Zweck der „allgemeinen Geschäftsbedingungen" und nenne drei mögliche Regelungen, die hierin zu finden sind.
2. Beschreibe die Aufgaben einer Verbraucherzentrale.

# Sachwortverzeichnis

# Anhang

## Karte Saarland

## Karte Deutschland

## Karte Europa

## Karte Welt

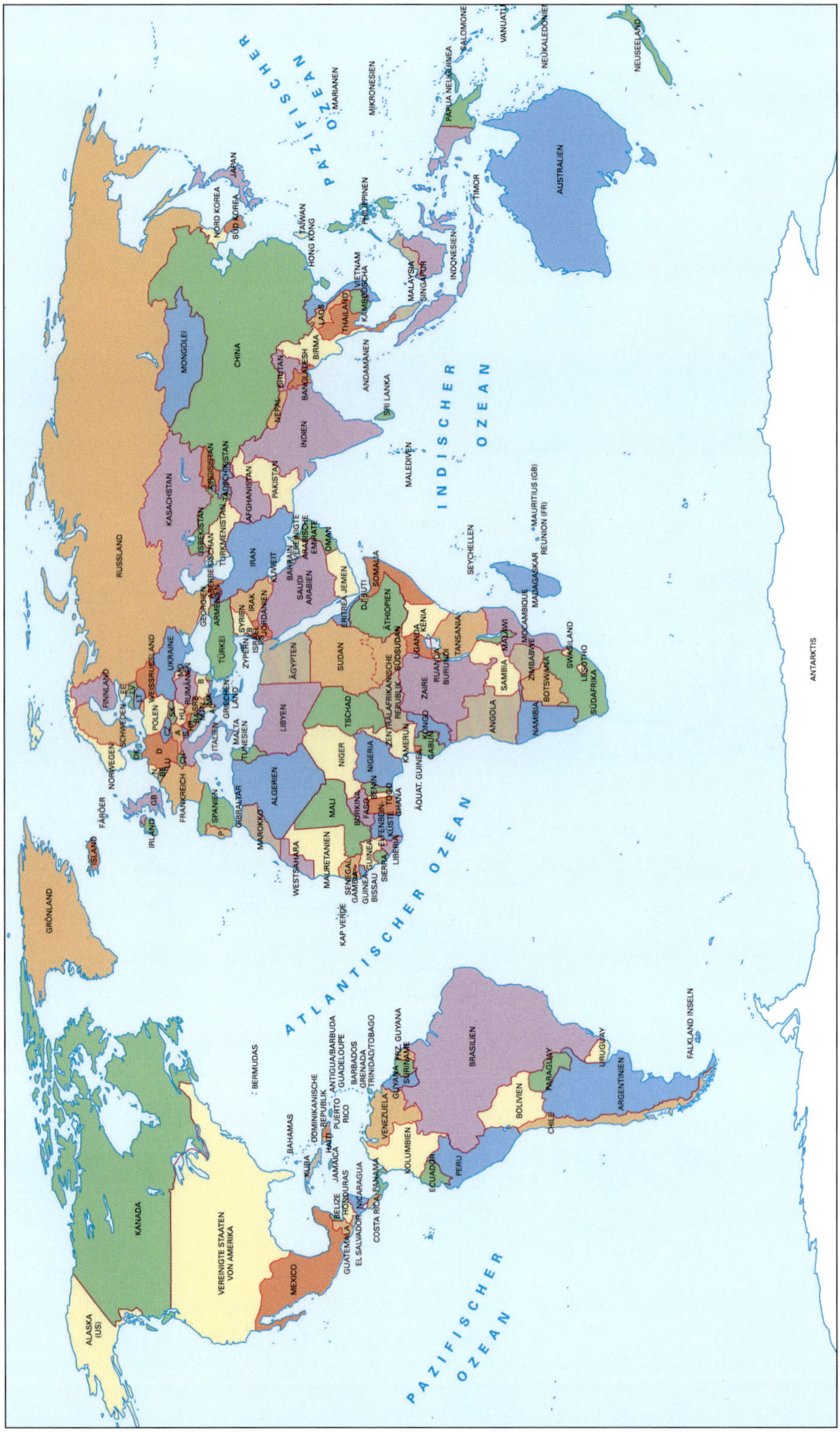
PAZIFISCHER OZEAN
ATLANTISCHER OZEAN
INDISCHER OZEAN
PAZIFISCHER OZEAN
ANTARKTIS
ALASKA (US)
KANADA
VEREINIGTE STAATEN VON AMERIKA
MEXICO
GRÖNLAND
ISLAND
FÄROER
IRLAND
GB
NORWEGEN
SCHWEDEN
FINNLAND
DK
FRANKREICH
SPANIEN
P
GIBRALTAR
D
NL
BE
LU
CH
A
PL
POLEN
CZ
SK
HU
LT
EE
LV
WEISSRUSSLAND
UKRAINE
MD
RUMÄNIEN
B
ITALIEN
GRIECHEN LAND
MALTA
TÜRKEI
ZYPERN
SYRIEN
IRAK
ISRAEL
JORDANIEN
GEORGIEN
ASERBEIDSCHAN
ARMENIEN
RUSSLAND
KASACHSTAN
USBEKISTAN
TURKMENISTAN
KIRGISISTAN
TADSCHIKISTAN
AFGHANISTAN
PAKISTAN
IRAN
KUWEIT
BAHRAIN
SAUDI ARABIEN
VEREINIGTE ARABISCHE EMIRATE
OMAN
JEMEN
MONGOLEI
CHINA
NORD KOREA
SÜD KOREA
JAPAN
TAIWAN
HONG KONG
NEPAL
BHUTAN
INDIEN
BANGLADESH
BIRMA
LAOS
THAILAND
VIETNAM
KAMBODSCHA
SRI LANKA
ANDAMANEN
MALEDIVEN
MALAYSIA
SINGAPUR
PHILIPPINEN
INDONESIEN
TIMOR
PAPUA NEUGUINEA
SALOMONEN
VANUATU
NEUKALEDONIEN
MARIANEN
MIKRONESIEN
AUSTRALIEN
NEUSEELAND
SEYCHELLEN
MAURITIUS (GB)
REUNION (FR)
MADAGASKAR
MAROKKO
ALGERIEN
TUNESIEN
LIBYEN
ÄGYPTEN
WESTSAHARA
MAURETANIEN
MALI
NIGER
TSCHAD
SUDAN
SÜDSUDAN
ERITREA
DJIBUTI
ÄTHIOPIEN
SOMALIA
SENEGAL
GAMBIA
GUINEA BISSAU
GUINEA
SIERRA LEONE
LIBERIA
ELFENBEIN-KÜSTE
BURKINA FASO
GHANA
TOGO
BENIN
NIGERIA
KAMERUN
ÄQUAT. GUINEA
GABUN
KONGO
ZENTRALAFRIKANISCHE REPUBLIK
ZAIRE
UGANDA
KENIA
RUANDA
BURUNDI
TANSANIA
ANGOLA
SAMBIA
MALAWI
MOCAMBIQUE
ZIMBABWE
NAMIBIA
BOTSWANA
SWASILAND
LESOTHO
SÜDAFRIKA
KAP VERDE
BERMUDAS
BAHAMAS
KUBA
HAITI
DOMINIKANISCHE REPUBLIK
JAMAICA
PUERTO RICO
ANTIGUA/BARBUDA
GUADELOUPE
BARBADOS
GRENADA
TRINIDAD/TOBAGO
BELIZE
GUATEMALA
HONDURAS
EL SALVADOR
NICARAGUA
COSTA RICA
PANAMA
KOLUMBIEN
VENEZUELA
GUYANA
SURINAME
FRZ. GUYANA
ECUADOR
PERU
BRASILIEN
BOLIVIEN
PARAGUAY
CHILE
ARGENTINIEN
URUGUAY
FALKLAND INSELN